어떻게
일하며 성장할 것인가

어떻게
일하며 성장할 것인가
직장인이 던져야 할 11가지 질문

• 전영민 지음 •

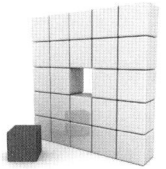

● 추천사 ●

직장인 여러분,
세상을 좀 더 풍요롭게 바꾸어가십시오!

2014년은 제가 롯데에 입사한 지 42년이 되는 해입니다. 환경이 급변하고 기업들의 위기가 계속되는 요즘의 시각으로 보면 한 직장에서 그렇게 오랜 생활을 보낼 수 있었던 것은 개인적으로 큰 '축복'이었던 것 같습니다.

제가 호텔롯데에 입사하던 1973년은 한국경제가 긴 빈곤기를 극복하고 산업화에 겨우 첫걸음을 떼던 시절이었습니다. 당시에 한국 땅에는 국제 경쟁력은커녕 기업의 모양새를 제대로 갖춘 회사가 없었습니다. 모든 기업이 벤처였고 초기 기업이었습니다. 기업 내부의 경쟁력도 없었고 체계적인 시스템도 없어서 국제적 관점에서 보면 참으로 부끄러운 수준이었습니다. 가진 것이라고는 '할 수 있다'는 용기뿐이었습니다.

그리고 40년의 세월이 흘렀습니다. 이제 국내의 많은 기업이 글로

벌 순위에서도 1~2위를 다투는 수준까지 왔습니다. 어떻게 보면 제가 한 직장생활은 최후진국에서 출발하여 글로벌 강자로 도달하기까지의 한국 기업사를 온몸으로 느껴온 세월인 것 같습니다.

요즘 경제가 어렵다고 모두가 위축되어 있습니다. 그러나 제 경험에 의하면 이런 어려움은 우리 경제에 늘 있었던 일입니다. 당장 제가 입사하던 그 해에 제1차 석유파동이 있었습니다. 수출입국을 꿈꾸던 대한민국에는 나라가 망할 수 있다는 수준의 공포로 다가왔습니다. 그리고 1979년에 있었던 제2차 석유파동은 국가 경제를 부도 직전까지 몰고 갔습니다. 경제가 어려우니 사회 정치적으로도 어수선했고 결국 정치적 격변까지 이어졌습니다. 1980년대 후반에는 '고유가, 고금리, 고환율'이라는 경제적 악재가 한번에 닥쳐와서 소위 '3고 불황'이라는 사태도 있었습니다. 극도의 고통을 당하는 한국을 보면서 당시 외국 언론들은 한국이 "샴페인을 일찍 터트렸다."면서 비아냥거렸습니다. 그리고 그다음의 위기는 여러분도 잘 아시는 1998년의 IMF 외환위기 구제금융사태였습니다. 그리고 몇 년 후 카드 대란……

지금의 위기만 아프고 힘들게 느껴지지만 뒤돌아보면 수많은 위기에 봉착했고 그때마다 훌륭하게 극복해온 것이 우리 경제였습니다. 계속 밀려오는 위기를 돌파하면서 세계에서 가장 빠른 속도로 빈곤에서 벗어나고 글로벌 강자의 반열에 들어선 우리 경제의 이면에는 우리 기업들이 있었습니다. 그리고 그 기업에서 온 힘을 다해 매일매일 맡은 업무를 수행한 대한민국의 직장인들이 있었습니다.

저는 그런 기업과 직장인들이 그대로 버티고 있는 한 지금의 위기도 훌륭하게 극복할 수 있다고 생각합니다.

저도 오랜 세월을 해왔지만, 직장생활을 한다는 것은 참 힘이 드는 일입니다. 세상사가 내 마음대로 되는 것이 아니지만 직장생활은 더 그런 것 같습니다. 수많은 동료, 부하, 상사와 부대끼고 갈등하면서 한 걸음씩 앞으로 나아가는 것이 우리의 직장생활인 것 같습니다. 가끔은 '이 회사를 그만두어야 하나? 다른 곳으로 옮겨야 하나?' 하는 생각이 듭니다. 여러분만 그런 생각을 하는 것이 아니라 주변의 동료도 그런 생각을 하고 있을 겁니다. 솔직히 저도 가끔은 그랬으니까요.

그래도 여러분은 참으로 행복하십니다. 저의 동년배들이나 선배들 세대는 대학을 나와도 갈 만한 회사란 것이 없던 시절에 첫 출발을 했습니다. 그리고 오랜 기간 긴 노동시간과 치열한 강도의 근무 여건을 이겨내고 우리 경제를 여기까지 끌고 왔습니다. 그래도 여러분의 주변에는 세계적으로도 알아주는 한국의 대기업들이 여럿 있습니다. 여러분은 그래도 기회는 있는 셈이지요.

지금까지 세상은 조금씩 좋아져 왔습니다. 그리고 여러분이 앞으로 살아갈 세상은 조금 더 좋아지겠지요. 과거의 역사를 살펴보아도 단 한 번의 혁명으로 세상이 완전히 좋아졌던 적은 없었던 것 같습니다. 문제가 생기면 그 문제를 조심스럽게 바꾸고 과거보다 조금씩 좋아지게 하는 것, 바로 그것이 '한 걸음씩 진화하는 자본주의'의 가장 큰 장점이었던 것 같습니다.

지금 생각해보면 국가 경제는 이어달리기인 것 같습니다. 그 어려운 여건을 극복하면서 우리 경제와 기업을 선배들이 여기까지 끌고 왔습니다. 이제 후배들이 바통을 쥐고 열심히 달려주어야 합니다. 그리고 여러분의 후배들에게는 조금 더 좋은 세상을 물려주십시오. 어렵고 힘드시지요? 하지만 기업에 근무하시는 바로 여러분이 우리 경제를 지탱하는 힘이고 우리를 먹여 살리는 주체입니다. 여러분이 흘리는 그 땀이 바로 우리 모두, 심지어 지구 행성에 사는 70억 명의 인류를 지탱하는 큰 힘입니다.

여러분이 살아내는 오늘 하루의 힘든 일과와 무거운 스트레스가 나와 내 가족이 먹고사는 지점에서 끝나지 않습니다. 우리 인류는 선사시대부터 늘 집단으로 모여 협력했고 좀 더 나은 상태를 지향하는 혁신으로 세상을 바꾸어 왔습니다. 그런 역사의 맨 끝단에 여러분이 서 있는 것입니다.

오늘도 수고하시는 대한민국 직장인 여러분! 파이팅 하십시오. 좀 더 큰 사명감과 책임감을 가지십시오. 그리고 세상을 좀 더 풍요롭게 바꾸어가십시오.

2014년 1월 2일
롯데그룹 부회장 이인원

들어 가기 전

"당신! 거기 왜 그러고 있나?"

이 책은 이 질문에서 출발한다. 광대한 우주의 지름은 140억 광년이나 된다고 한다. 물론 지금도 우주의 크기는 계속 커지고 있다고 한다. 1광년은 빛이 1년 동안 날아가는 거리다. 우리에게 익숙한 척도로 말하면 1광년은 9,460,800,000,000킬로미터다. 너무 커서 도무지 감이 안 오는가? 지구 한 바퀴가 0.00000000423광년이라고 한다. 그렇게 큰 광년의 거리에 140억을 곱해야 우주의 크기가 된다면 정말 상상이 안 되는 크기이다.

그 엄청난 크기의 우주 한쪽 귀퉁이에 우리의 은하계가 있다고 한다. 우주 전체의 크기를 지구만하다고 했을 때 우리 은하계는 지름이 100미터 정도라고 한다. 그리고 그 은하계의 한쪽 귀퉁이에 태양계와 지구가 있다. 우리의 은하계를 지구 크기만하다고 가정했을 때 지구의 크기는 1만 분의 1밀리미터라고 한다. 머리카락 굵기의 약 1,000분의 1밀리미터 정도이다. 눈에도 보이지 않는 박테리아 크기 정도라고 할까?

큰 것은 제외해놓고 작은 단위로 이야기해보자. 태양과 지구 간의 거리를 300미터 정도 된다고 치면 지구의 크기는 얼마만할까? 지구의 크기는 그야말로 '콩 한 알'보다 훨씬 적다고 한다. 우리가 보았던 태양계의 개념도와는 많이 다르지 않은가? 그렇게 본다면 지구는 우주에서 정말 아무것도 아닌 하찮은 존재이다.

그렇게 어마어마하게 큰 우주의 한 귀퉁이에 있는 은하계, 그 은하계의 한 귀퉁이에 있는 태양계에 속한 지구라는 외로운 행성. 그 행성에서 국토면적으로 따지면 109위 정도밖에 안 되는 조그마한 대한민국이라는 국가. 그 작은 국가에 복닥거리는 5,000만 명이나 되는 사람 중의 하나인 당신. 이제 지금의 내가 마치 먼지 같은 존재라는 생각이 들지 않는가?

그런 하찮디하찮은 존재임에도 세상에서 자기가 가장 소중하다고 생각하고 이 악다구니 같은 세상에서 살아남기 위해서 날마다 속이 새까맣게 타들어가도록 노심초사하는 당신! 그런 당신은 오늘도 누군가가 시킨 그 일에 머리를 싸매고 있다. 그래서 나는 이렇게 묻고 싶다.

"당신! 거기 왜 그러고 있나?"

들어가는 말

어떻게 인류는 지금의 번영을 이루었는가?

인류가 지금까지 살아남을 수 있었던 강력한 비결은 집단을 이루어 조직화했고 협력했기 때문이다. 또 안주하지 않고 늘 새로운 기회를 찾아서 용기 있게 떠났기 때문이다. 한 자리에 머물러 있으면 지금 당장은 아니지만 언젠가는 굶어 죽거나 포식자에게 먹혀 도태된다. 유인원 중 동아프리카 초원 지대를 과감하게 떠나지 못하고 계속 머물렀던 종은 결국 사자의 먹이가 됐거나 도태돼 사라지고 말았다.

사실 낯선 환경에 도전하고 모험을 한다는 것은 엄청나게 두려운 일이다. 그러나 오늘날의 인류는 그 엄청난 두려움을 극복하고 용기를 냈기 때문에 지구에서 살아남아 번성할 수 있었다.

500만 년 만에 인구가 폭발하다

1만 년 전 농경산업으로 진입하기 직전 세계 인구는 500만 명으로 추산된다. 500만 명. 현생 인류에 대비하면 140분의 1. 수렵과 채집이라는 방법에 의존할 때 지구가 감당할 수 있는 인간의 숫자는 딱 거기까지였던 것 같다.

'농경' 기술이 개발되고 잉여식량이 생기자 또 다른 기술들이 점차 발전했다. 5,000년 동안 지구 상의 인구가 5,000만 명으로 증가했다. 5,000년 동안 10배가 늘어난 셈이다. 그리고 5,000년의 세월이 두 번 흐른 1650년에 세계인구는 5억 5,000만 명이 됐고 1만 년이 흐르는 동안 인구가 또 10배 늘어났다.

그런데 갑자기 이상한 현상이 벌어진다. 200년이 지난 1850년에 11억 7,000만 명으로 2배 늘어났다. 100년이 지난 1950년에 24억 9,000만 명으로 2배 늘어났다. 50년이 지난 2000년에 62억 5,000만 명으로 2.5배 늘어났다. 5,000년이 아닌 300년 만에 10배 이상 늘어난 것이다.

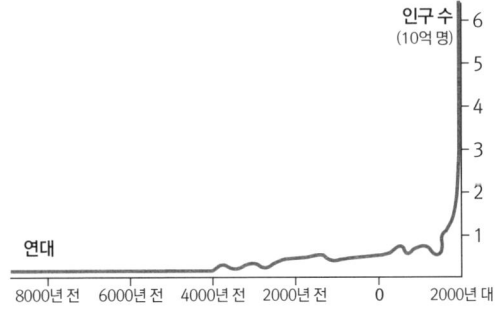

수십만 년 동안 완만하게 증가해온 인구가 갑자기 지난 300~400년 동안 폭발했다. 단순한 기술 발전으로 가능한 범주를 넘어섰다. 유인원에서 분화된 영장류가 지구 상에 모습을 나타낸 500만 년을 하루 24시간으로 환산했을 때 이 대폭발은 23시 59분 56초에 시작된 것이다. 이런 식의 인구 폭발은 현생인류 역사상 단 한 번도 없었던 일이다.

지난 300년 동안 무슨 일이 있었는데 그런 인구 대폭발이 생겨났을까? 어떤 대단한 발명이 있었던 거지? 그 질문을 수도 없이 많은 사람에게 던져봤다. 그동안 나왔던 답은 대충 이런 것들이다.

"전기, 인터넷, 엔진, 컴퓨터, 전화, 비행기, 자동차, 항생제……."

물론 다양한 대답이 쏟아져 나왔고 그중 중복되는 대답을 선별해 고른 것이다. 어찌됐든 지난 300년 전부터 인류는 갑자기 엄청난 발명품과 문명의 이기를 세상에 쏟아냈고 지구라는 행성을 획기적으로 바꾸어버렸다. 그런데 500만 년 동안 안 그러다가 어떻게 갑자기 그런 발명품이 쏟아지는 것이 가능해졌을까? 발명의 폭발과 인구의 폭발을 만들어낸 결정적인 비결이 분명히 있었다. 그게 뭘까?

당시 강대국 중국과는 경제력으로나 군사력으로 비교도 안 되던 가난한 유럽에서 획기적인 아이디어가 구현됐다. 1602년에 설립된 네덜란드의 '통합 동인도회사'의 출현이다. 바로 주식회사의 시작이다. 설마 주식회사가 그 문명의 이기라고 주장하는 거냐고 어이없는 눈빛으로 내 말을 듣고 있겠지만 조금 더 내 글을 읽어보자.

그 회사는 설립된 이후 엄청나게 빠른 속도로 부를 축적하기 시작했다. 인류 역사상 처음으로 특별한 연고가 없는 대중에게 주식을 발행한 다국적 기업이었다. 서로 얼굴도 모르는 사람들이 돈을 내고 회사의 주식을 사갔다. 그리고 그 회사가 벌어들인 이익금은 회사 설립자뿐 아니라 투자한 모든 투자자에게 골고루 돌아갔다.

그 성공을 지켜본 유럽의 각 국가에서 유사한 주식회사가 속속 설립되기 시작했다. 여러 사람이 주식을 사고 그 덕분에 자본금을 엄청나게 확충한다는 아이디어도 처음이었지만 그동안 상상하지도 못했던 새로운 사업에 과감하게 도전했던 것도 처음이었다. 그리고 그들은 성공했다. 그런 자본의 조직화와 과감한 도전을 앞세운 주식회사 덕분에 유럽의 경제력은 엄청난 속도로 성장했다. 그 대기업들은 사람들의 머릿속에만 존재하던 새로운 아이디어를 사업화했고 그전까지 상상하지도 못했던 혁신들을 현실화했다.

오늘날 서구의 힘은 바로 주식회사 덕분에 엄청나게 증가한 것이었다. 그리고 엄청난 자신감으로 세계로 진출한다. 1839년 영국은 말도 안 되는 트집을 잡아서 소수 원정군만 보내어 중국의 청나라를 박살내고 홍콩을 빼앗았다. '아편전쟁'이었다. 거대한 중국을 종이호랑이로 만들어버린 것이다. 이제 유럽의 힘을 당할 국가는 없었다.

결국 비기는 '주식회사'였다. 물론 그전에도 기업은 있었다. 그러나 과거의 기업이란 특정한 개인이나 일가족이 자금을 내 사업을 하던 형태였다. 만약 그 사업이 망하면 모든 책임을 개인이나 가족이 져야 했다. 그 무한책임이 두려워 누구도 실패 가능성이 높은 비즈니스에 과감하게 뛰어들지 못했다. 그래서 기업 성장의 한계가 뚜렷

했다. 그리고 개인이나 가족이 세운 회사라는 것은 규모의 한계가 분명했고 제왕이나 강력한 정치인들이 기분에 따라 마음대로 할 수 있는 '밥'이었다.

그런데 이제 많은 사람이 돈을 모아서 상대적으로 엄청난 규모의 회사를 세우는 것이 가능해졌다. 규모의 한계가 없어진 것이다. 엄청난 자금 규모가 아니면 도전할 수 없는 비즈니스를 시도할 수 있었다. 규모도 엄청나게 크고 수많은 이해관계가 걸린 문제이니 제왕이나 정치인들이 함부로 하기 어려웠다. 그 시초가 동인도회사였다.

주식회사 운영자들은 범선을 이용한 무역업과 같이 당시로써는 리스크가 매우 큰 사업에 과감히 뛰어들었다. 동인도회사는 동방과의 향료무역사업을 위해 설립된 회사였다. 당시에는 아시아로 범선을 띄워 보내면 상당한 수의 배가 돌아오지 못했다. 그러나 무사히 돌아온 배는 실종된 배 때문에 발생한 손실을 보전하고도 남는 엄청난 이익을 냈다. 소위 일정 수준의 리스크를 수용하는 경영이 가능해진 것이다. 그리고 그 이후부터 기존의 터전을 떠나 과감하게 새로운 기회를 찾는 혁신이 유감없이 발현됐다.

그러면 앞에서 언급됐던 300년 사이의 발명품들이 가능했던 원인을 다시 한번 검토해보자. 그 모든 발명품은 천재적인 사람들의 머리에서 나온 아이디어에서 시작됐다. 그런데 그런 천재들이 지난 300년 사이에만 존재했던 것은 아니다. 인류의 역사 속에는 수많은 천재와 기발한 사람들이 지속해서 존재해왔고 그 시대환경이 허락하는 수준에서 업적을 남겨왔다. 아무리 대단한 아이디어가 있어도 시대상황이 허락하지 않으면 구현할 수 없었다.

그 대표적인 예가 레오나르도 다빈치다. 레오나르도 다빈치가 남긴 수첩에는 운하, 인쇄기, 망원경, 비행 기계, 낙하산, 폭탄 같은 아이디어의 스케치가 남겨져 있다. 정말 대단한 천재였던 것 같다. 그 스케치를 보면 다빈치는 현대사회에서 타임머신을 타고 과거로 간 사람으로 보인다. 그런데 안타깝게도 다빈치가 살았던 시대에는 그 아이디어를 구현할 방법이 없었다.

지난 300년 동안에 살았던 천재들은 정말 운이 좋았다. 그들이 '내놓은 아이디어를 순식간에 전 세계 사람들이 누릴 수 있도록 하고 다른 아이디어를 보태어 성능을 지속적으로 발전시켜주는 강력한 시스템'이 있었다. 바로 주식회사이다. 자신이 가진 아이디어를 현실세계에서 발현할 수 있도록 해주는 사회적 시스템이 구축된 시대에 살았던 천재는 참으로 행복했을 것이다.

그들은 자기의 아이디어가 세상을 바꾸는 것을 자기 눈으로 볼 수 있었기 때문에 행복했고 부수적으로 엄청난 부와 명예도 얻을 수 있었다. 주식회사의 힘으로 시작된 서유럽 국가들의 폭발적인 발전은 신세계인 미국이 이어받아 지금도 세계를 지배하고 있다.

기술, 조직, 혁신의 힘, 또 하나의 증기 대한민국

5,000년 동안 조용히 숨죽이며 살아왔던 극동의 한 국가가 있다. 70년 전 인근 국가의 혹독한 식민지배에서 해방되자마자 분단돼 동

족상잔의 비극을 치른다. 그리고 60년 전에야 폭격 끝에 남겨진 잿더미 위에서 늦은 출발을 한다. 당시 맥아더 장군은 다음과 같은 말을 남기고 이 땅을 떠났다고 한다.

"이 나라는 철저하게 파괴됐기 때문에 다시 재기하는 데는 100년이 걸릴 것이다."

국민 1인당 GNP 67달러. 봄만 되면 못 먹어서 굶주리는 사람들이 속출하던 지금의 소말리아보다 못한 나라. 당시 10배나 잘살던 필리핀이 너무 불쌍하다고 장충체육관을 무상으로 지어서 기부했던 나라. 그런 나라가 오늘날 세계에서 가장 역동적이고 화끈한 대한민국으로 발전한다.

대한민국은 서구가 300년 만에 성공한 산업화를 30년 만에 압축해서 끝낸다. 그리고 남은 시간에 잠깐 짬을 내서 민주화까지 해버린다. 성질 급하다는 것은 정평이 나 있기는 하지만 한 마디로 놀라운 민족이 아닐 수 없다. 경영학의 아버지라고 불리는 피터 드러커는 "제2차 세계대전 이후 인류가 낳은 최고의 기적이 바로 대한민국이다."라고 말했다.

프랑스의 석학인 기 소르망도 "대한민국의 경제적 성공과 민주화는 (제2차 세계대전 이후의 독립국에 성공 방법론을 제시하는) 인류의 문화유산"이라는 말까지 했다. 물론 성공만 계속한 것은 아니었다. 그 뒤에도 수많은 위기를 겪었다. 그러나 오뚝이처럼 다시 일어선다. 그리고 그 찬란한 성공의 한가운데에 밑든 곱든 바로 주식회사들이 있었다.

45억 년 지구 역사에서 인류의 역사는 길게 봐서 500만 년이다. 인류는 날개도 발톱도 날카로운 이빨도 없이 지구를 완전히 장악했다. 무엇을 잘했길래 가능했을까?

현생인류의 역사를 한 마디로 압축하면 '극심한 경쟁에서 살아남고 자손을 남기기 위해서 가장 잘할 수 있는 역량을 모두 동원하는 것'이었다. 집단을 이루어 조직화하는 것, 그 조직이 좀 더 효과성을 발휘할 수 있도록 지속해서 개선해 나가는 것. 굴 속에서 생존하던 몇 명의 군집에서 출발해서 수십만 명이 일사불란하게 움직이는 기업조직까지. 기술을 발전시키고 확산하는 것, 흑요석을 찾아내고 깨서 돌도끼를 만드는 기술에서부터 원자를 다루는 나노기술까지.

다람쥐 쳇바퀴 돌듯이 하던 짓을 반복하는 것이 아니라 기존의 터전을 박차고 새로운 기회를 찾아 과감하게 떠나는 것. 경쟁이 치열해서 레드오션이 된 세렝게티를 떠났고 또 디지털과 모바일 비즈니스의 새로운 지평을 향해 용감하게 떠나는 것. 인류의 발전은 조직, 기술, 혁신이라는 세 가지 탁월한 생존비결의 발전사였던 것 같다. 그리고 세 가지 생존비결을 모두 합한 종합판이 바로 주식회사라는 현대판 인류의 비기이다.

인류가 가진 생존비결의
최고 발전단계인 주식회사!

그 긴 역사의 끝에 여러분과 내가 서 있다. 이제 어디로 가야 할까? 지금은 조직, 기술, 혁신의 종합판인 주식회사와 새로운 기회를 끊임없이 탐색하고 용감하게 혁신에 도전해서 성공한 사람에게 보상을 주는 사회적 시스템이 없으면 지구 상에 차고 넘치는 70억의 인구를 부양할 수 없다.

이제는 "뒤로 돌아 앞으로 가!"를 할 수 없다는 말이다. 수렵과 채집생활만으로 가능했던 지구의 정원은 500만 명이다. 농경만으로 가능한 지구의 정원은 많게 잡아 5억 명까지는 가능했다. 만약 지금까지의 성공 원칙을 포기한다면 어떻게 될까? 인류가 발전시켜온 최고의 문화유산인 기업과 그 기업활동을 지탱하는 시스템이 사라진다면 우리 중 65억 명은 지구에서 살아남지 못하게 될 것이다.

오늘날 우리가 누리는 풍요로움을 가능하게 해준 그 주식회사라는 조직 속에 여러분과 내가 있다. 그리고 우리가 누리는 풍요는 스티브 잡스와 같은 한 명의 천재나 혹은 특정 개인이 만든 것이 아니다. 오늘도 상사에게 깨지면서 묵묵히 맡은 일을 수행하는 '우리'들이 창출해온 것이고 앞으로도 창출해갈 것이다.

여러분은 소중하고 중요한 일을 하는 것이다. 그런데 당신은 요즘 왜 그럴까? 왜 매일 출근하기 싫고 하루하루가 지겹고 힘들까? 그 원인이 뭘까? 이제 그게 왜 그런지. 그 위대하다는 기업 안에 있는 당신의 일자리에 대해 당신이 가진 여러 가지 오해와 진실에 대해서 한번 알아보자.

어찌되었든 당신과 나는 70억 인구를 두 어깨에 지탱하고 있는 현대판 아틀라스다. 힘내라! 그대 직장인들이여!

2014년 1월 2일
전영민

차례

추천사 직장인 여러분, 세상을 좀 더 풍요롭게 바꾸어가십시오!   4
들어가기 전   8
들어가는 말 어떻게 인류는 지금의 번영을 이루었는가?   10

질문 1 당신은 누구인가? Who are you?

무엇을 성취하고 싶은가?   30
명함과 직급에 연연해 하지 마라   32
당신은 어제보다 아름다워지려는 사람인가?   37
자신을 스스로 고용하는 자가 되어라   40
시작할 때부터 떠남을 준비하라   42

질문 2 어떻게 일할 것인가? How do I work?

큰 그림을 보고 일하라   47
왜 그 일을 하는지에 대한 답을 찾아라   49
각자 맡은 일을 책임지고 또 함께 통합하라   51
왜 세상의 모든 상사는 까칠한가?   55
개인의 역량을 어떻게 시스템적으로 통합할 것인가?   59
어떻게 아이디어와 생산력은 폭발했는가?   61
조직력으로 싸우고 이겨라   63
다이아몬드가 될 것인가, 흑연이 될 것인가?   66

질문 3 월급은 무엇인가? What is salary?

돈을 낸다는 것과 받는다는 것　78

직장은 학교가 아니다　84

자기 '일'에 목숨을 건 승부 한번 해보자　86

일이 지겨운 이유는 따로 있다　88

당신이 맡은 일을 개선하려고 노력하라　90

일을 통해 삶의 의미를 찾아라　94

이 광대한 우주 속 지구에서 산다는 건……　96

질문 4 누가 승진하는가? Who gets promoted?

근무환경이 좋아서 성과를 내는 걸까, 성과가 나서 근무환경이 좋아진 걸까?　102

사실 구글 직원들은 워크홀릭이다　105

100+20의 룰　108

왜 승진하지 못하는가?　112

오늘날의 나를 만든 사람은 누구일까?　122

상황과 이슈에 끌려다니지 말고 주도하라　124

질문 5 누가 실력자인가? Who is competent?

초경쟁 사회에서 어떻게 역량을 강화할 것인가?　136

성장은 어제의 나를 부정하고 반성하는 데서 출발한다　138

질문 6 왜 경쟁이 필요한가? Why competition is needed?

자본주의 사회에서 어떻게 살아남을 것인가?   149
인간은 평등함보다 공정함에 끌린다   152
왜 경쟁이 없는 평등한 사회는 실패했는가?   155
경쟁은 불편하지만 아름다운 것이다   158

질문 7 왜 공부해야 하는가? Why have to study?

인생 3단계론   168
사는 게 다 공부다   171
강철왕 카네기의 3단계 인생   172

질문 8 어떻게 변화해야 하는가? How should I change?

나는 경쟁자와 무엇이 다른가?   182
행동의 방아쇠 플랫폼   185
건전지 같은 인생을 사는가, 아니면 발전기 같은 인생을 사는가   196

질문 9 열정은 무엇인가? What is enthusiasm?

열정과 열심은 다르다   202
열정은 어디에서 나오는가?   204
우리의 인생을 어떻게 바꿀 것인가?   206
열정을 불러일으키는 목표의 조건   209

질문 10 지금이 위기인가? Is it crisis now?

영원히 청년인 그 사람 이야기   216
우리가 이겨낸 위기들   221
지금 우리에 다가온 위기   225
개방적인 세계 경제를 필요로 한다   227
우리에게는 세계화 경쟁력이 있다   235
세계화는 어디로 가야 하는가?   237
디레버리징과 디플레이션 시대에 어떻게 살아 남을 것인가?   241

질문 11 한국인은 누구인가? Who are Koreans?

사회 정의인가, 친구와의 의리인가   253
한국은 동태적 집단주의 사회다   255
한국인은 회사를 감정적 공동체로 받아들인다   258

나오는 말 일하며 살며 사랑하며……   272
참고문헌   280

당신은 어제와 다른
오늘을 보내고 있는가?

질문 1

Who are you?
당신은 누구인가?

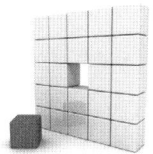

"넌 누구냐?"

영화 「올드보이」에 나오는 대사가 아니다. 내가 강의할 때 자주 던지는 질문 중 하나이다. 사내교육이니 당연히 명찰을 달고 있다. 그런데 그런 질문을 받으니 느닷없이 옆구리를 찔린 것처럼 황당하다는 눈빛으로 쳐다보기 일쑤다. 그리고 내놓는 답이 늘 그렇다.

"예, 롯데케미칼 황당해 책임입니다."

나는 그런 대답을 들으면 바로 쏘아붙인다. "저도 글자는 읽을 줄 압니다. 명찰에 그렇게 쓰여 있네요. 그건 그렇고 당신은 누구입니까?" 안 그래도 성질 까칠하다고 소문이 자자한 나의 한 방에 황당해 책임사원의 얼굴은 진짜 황당함으로 붉어진다. 여러분은 어떤가? 회사와 이름을 빼고 당신이 누군지를 어떻게 설명하겠는가?

전업주부에게 "당신이 누구냐?"고 물어보면 대부분은 "누구의 아내이다." 혹은 "누구 엄마다"로 연결된다. "그거 말고요. 아줌마는 누구시냐고요?"라는 연결 질문엔 100퍼센트 이름이 튀어나온다. 짓궂은 나는 "그러니까 그 아무개가 누구냐고요······."라고 되묻는다. 그러면 겁먹은 얼굴로 "아까 말씀드렸잖아요. 누구의 아내라고요."로 돌아간다.

다시 한번 물어보자. 그 사람은 누구의 엄마 혹은 누구의 아내로 살기 위해서 태어난 인생인가? 그건 아니지 않은가? 이 질문을 직장인에게 하면 백이면 백 전부 자기 회사, 이름, 직급이 나온다. 그런데 정말 그게 당신인가?

"나는 누구인가?" "나는 어떤 인간인가?"

이런 질문에 대한 대답은 일반적으로 정체성의 문제로 연결된다. 정신분석학자인 이승욱 박사는 이렇게 설명한다.

"개인의 정체성, 즉 아이덴티티는 지금 나를 가장 힘들게 하는 것, 지금 내가 정신적 에너지를 가장 많이 쏟는 대상이 무엇인가에 따라 결정되는 경향이 있다. 가령 새로 시작한 대학원 공부에 매진하는 친구는 자기는 대학원생이라고 얘기한다. 새롭게 시작한 사업으로 고생하는 사장은 자기는 사업가라고 할 것이다."

어떻게 보면 자신의 정체성은 하나로만 구성되는 게 아니고 평생 한 가지에 머무는 것도 아니다. 어떤 여성의 정체성은 학생, 직장인, 아내, 며느리, 엄마, 자매 등 다양하게 존재할 수 있고 시간의 흐름에 따라 변해간다.

이승욱 박사의 논리에 따르면 아마도 현재 여러분의 대답은 어느 회사에 근무 중인 직장인이 될 것이다. 지금 가장 힘들게 하는 것이 바로 그거니까. 하지만 이 정체성에 대한 논의는 나는 '누구인가?'에 대한 것보다는 '내가 무엇인가?'에 대한 것이다. 어쩌면 우리가 그렇게 중요하게 생각하는 나의 정체성이라는 것이 우리가 하는 '역할'의 다른 이름일지도 모른다.

자, 그러면 정체성. 즉 역할이라는 거 다 버리고 "당신은 누구인가?" "뭐가 되고 싶은가?"는 정말 혼란스러운 질문이다. 그의 명함에는 이렇게 쓰여 있었다. 최고상상책임자 Chief Imagination Officer. 그의 본명은 로프 옌센으로 『드림 소사이어티』의 저자이자 미래학자이다. 한마디로 존경스럽다.

우리는 명함을 회사에서 만들어주는 것으로 생각한다. 그러나 우리는 회사가 주는 그 명함에 갇히는 순간 다른 사람이 규정한 틀에 갇히게 된다. 내가 가진 다양한 가능성을 다 포기하고 회사가 제시한 그 틀 속에 나를 가두고 조직이 강요한 역할 연기에만 몰입하는 것이다. 그리고 창의성과는 점점 멀어지는 것이다. 그래서 회사가 준 명함에 갇히면 절대 안 된다. 명함은 나의 현재 상태의 일부이고 정체성의 하나일 뿐이다. 그리고 그건 현재의 정체성일 뿐이다. 앞에서 이야기한 대로 정체성은 시간에 따라 달라진다. 그래서 다음에 다가올 나의 정체성 중에 더 나은 가능상태를 지향해야 한다.

당신의 자유와 꿈을 담은 명함을 하나 만들어보라. 자신이 정말로 꿈꾸는 모습을 명함에 담아두었다가 마음이 통하는 사람을 만나면 "이게 나요."라고 웃으며 건네줘 보라.

무엇을 성취하고 싶은가?

"우리 회사에 입사한다면 10년 후에 무엇을 하고 있을 것 같습니까?"

신입사원 면접을 볼 때 그런 질문을 가끔 했다. 가장 짜증 나는 대답은 대략 이런 것이었다.

"10년 후라면 아마 과장이 돼 있겠지요. 회사 명령에 따라 중국 지사로 가는 비행기 안에서……."

그렇게 내 앞에서 소설을 쓴다. 안 그래도 좁쌀 같은 소갈머리에다가 표정관리 잘 안 되는 나는 얼굴이 확 붉어진다. 당장 나가라고 하고 싶다. 하지만 그랬다가는 ○○기업의 모 면접관 성질 지랄이라고 인터넷에 도배되고 악성 댓글이 주렁주렁 달릴 것 같아서 꾹 참는다. 이런 식으로 꾹 참고 살다 보면…… 나중에 죽어서 화장하면 '사리'가 한 사발 나올 것도 같다.

그건 그렇고 그 친구의 말대로 과장이라는 것은 내가 되는 것이 아니라 회사가 달아주는 것이다. 자기가 성취하는 것이 아니라는 말이다. 회사가 더 큰 역할을 기대하면서 맡겨주는 것이 승진이다. 회사에서 또 인생에서 정말 중요한 것은 직급이나 계급이 아니다. 이 조직에서 내가 '무엇을 성취하고 싶은가?' '무엇을 하고 싶은가'이다.

피가 부글부글 끓는 젊은 친구의 꿈꾸는 미래가 기껏 '과장' 딱지인가. 열정도 꿈도 없는 그런 친구를 내 앞자리에 데려다 놓으면 그에게 무엇을 시켜먹을 수 있을까 한숨이 팍 나온다.

여러분은 어떤가? 지금부터 5년 후에 무엇을 하고 있을 것 같은가? 아니 무엇을 하고 싶은가? 임원이 되는 꿈? 상무가 되는 꿈? 그건 아까도 이야기했지만 내 성취를 평가해서 회사가 더 큰 역할을 맡겨주는 것이다. 좀 더 숨김없이 그대로 이야기하면 그런 꿈은 '명함-명찰'을 바꾸고 싶다는 것밖에 안 된다. "오늘 점심 뭐 먹을까?"라는 질문에 "8,000원짜리 먹고 싶다"는 대답과 같은 것이고 발령지 한 장이면 인생을 걸고 노력해온 그것을 내려놓아야 하는 가볍디가벼운 것이다.

답은 그것인 것 같다. 내가 여기에서 중요한 직책을 수행하면서 '우리 조직의 무엇을 바꾸어 놓고 어떤 사업 또는 어떤 직무를 새롭게 맡아서 어떻게 공헌하겠다'는 '내용-콘텐츠'가 돼야 하는 것 아니겠는가? 그렇게 명찰과 명함에 집착하는 삶을 살다가 그 언젠가 모든 것을 내려놓고 떠나야 할 날이 오면, 그리고 그다음 날부터의 인생은 모든 것을 날려버리고 빈털터리 '잉여인생'이 되는 건가? 그렇게 직장생활 내내 목을 걸던 명함과 직급이 모두 사라졌는데……

태어나면서부터 남에게 인정받기 위해서 혼신의 힘을 기울여 투쟁하는 과정이 인생이라는 심리학자의 말이 있다. 맞는 말이다. 어려서부터 부모님, 선생님, 친구, 직장상사, 동료, 애인, 부인, 그리고 아이들에게 인정받는 존재가 되기 위해서 최선을 다하는 게 우리네 인생의 모습이 아니었던가.

그런데 한국인들은 남의 눈에 비치는 것을 위해 최선을 다하는 정도가 아니라 아예 목숨을 거는 경향이 있다. 중국인들이 '미엔쯔面子'

라고 '내 얼굴을 봐서……'라고 하는 수준과는 비교가 안 된다. 그리고 그런 식의 남에게 보이는 것이 현대 한국인들의 행복도에 결정적인 영향을 미치는 것 같다. 그래서 남자들은 직급과 명함에 목숨을 걸고 여자는 명품에 사족을 못 쓴다.

그러나 그러다가는 겨울바람이 불면 떨어지는 낙엽처럼 그것이 떨어지는 '그날'에 절망하게 된다는 사실을 알아야 한다. 그래서 누군가에게 인정받아야 한다는 강박감을 버려야 한다. 그것은 진정한 우리의 본성이 아니라 태어난 후에 그렇게 양육되고 훈련된 것뿐이다.

명함에 그렇게 집착하는 사람들은 승진이 안 됐을 때 하늘이 무너지는 것 같은 고통을 느끼고 자존심 상해한다. 그런데 내가 인사를 하면서 느낀 점이 또 하나 있다면 그 승진이라는 것이 다가 아니라는 것이다.

명함과 직급에 연연해하지 마라

내 생각에 인사는 확률게임인 것 같다. 도무지 속을 알 수 없는 사람을 다루는 일인데 완벽한 인사란 게 세상에 존재할 수 없다. 채용만 해도 그렇다. 합격시켜야 하는 사람을 떨어뜨리는 실수와 합격시키면 안 되는 사람을 붙이는 실수를 최대한 줄이는 게임이 바로 채용이다. 삼성에 다니는 친구가 있다. 삼성에서 엄청나게 잘 나간다. 그런데 그 친구는 롯데 공채에서 떨어진 친구이다. 나는 삼성 공채에서 떨어졌다. 그런데 롯데에 당당하게 합격해서 그래도 남들에게 창피하지 않을 정도는 한다. 삼성과 롯데 어느 쪽이 실수한 걸까? 물론 내가 채용을 담당할 때 '내가 저놈을 왜 붙였지. 저런 놈을 합격시킨 내 손가락을 잘라버리고 싶다'고 한숨 쉰 적도 있다. 소위 채용실패인 것이다. 승진도 마찬가지이다. 승진시키면 안 되는 사람을 승진시키는 사례를 줄이고 승진시켜야 할 사람을 떨어뜨린 사례를 줄이려고 노력할 따름이다. 완벽이란 결코 존재할 수 없는 것이 인사다.

승진심사를 할 때 정해진 승진 티오에 따라 작업을 하다 보면 승진 서열부에 줄을 긋게 된다. 이름이 그 줄 위에 있으면 승진이고 그 밑은 탈락이다. 그러면 그 줄 바로 위에 있는 사람과 바로 밑에 있는 사람이 차이가 크게 나서 그렇게 운명이 갈린 걸까? 사실 두 사람이 뒤바뀌어도 누구 하나 느끼지 못할 정도의 차이일 뿐이다. 고등학교 때 반 석차 15등과 16등이 정말 차이가 있어서 그렇게 된 걸까? 그런 것과 유사한 것이다.

조직에서 승진과 인정은 다소간의 외생변수가 작용한다. 그리고 사람을 재는 잣대가 항상 같지는 않다는 점도 생각에 넣어야 한다. 그러니 승진에 떨어진 당신! 너무 힘들어하지 마라. 내가 아는 두 분을 소개하겠다. 두 분 다 내가 인생에서 스승처럼 친형님처럼 존경하는 분이다. 한 분은 지금 우리 계열회사에서 사장을 하고 계신 분이다. 그분은 직원 신분일 당시 모두 세 번이나 승진에서 떨어졌다. 나름 똑똑하다는 평가를 받는 분이었는데 내가 봐도 그 인사에 다소 어이가 없었다. 본인은 얼마나 자존심 상하고 속으로 힘들었을까?

그런데 그분은 나의 위로에도 눈 하나 깜짝하지 않고 "괜찮아 그럴 수도 있지." 그러면서 더 열심히 했다. 그리고 임원이 되고 나서 세 번 연속 발탁승진으로 직원 시절의 누락을 만회했다.

나는 그때 그분의 여유로운 눈빛을 기억한다. 당시는 당연히 임원 승진 1순위라고 자타의 평가를 받다가 예상외로 승진이 안 됐을 때다. 내가 가슴 아파하며 위로의 말씀을 드렸을 때 그분의 눈빛은 한 치의 흔들림도 없이 여유로웠다. 그리고 나에게 이렇게 말씀하셨다.

"직급이 일을 하나?"

그랬다. 신경질이 날 수밖에 없는 와중에도 그분의 머릿속에는 자신의 승진이 아니라 자신이 맡은 일을 더 잘할 방법만 가득 차 있었다. 이런 생각밖에 안 들었다.

'진짜 고수란 이런 분을 말하는 거구나.'

다른 한 분은 계열사에서 전무로 근무 중인데 좀 더 아픈 고통을 겪었다. 부장까지는 한 번도 누락 없이 승진한 그분이 임원 문턱에서 무려 두 번이나 연속으로 떨어졌다. 인간이라면 좌절할 수밖에 없는 상황이었다. 앞에서 소개한 그분보다 더 아프게 마련이다. 맞은 데 또 맞고 한 대 더 맞은 거다. 그런데 그분도 눈 하나 깜짝하지 않았다. 사실 속으로는 얼마나 아팠을까. 그러나 눈빛 하나 변하지 않았고 그 특유의 부산 사투리로 호기 있게 대응했다. 사실 그 기간에 머리숱이 확연하게 줄어들었다. 요즘 새로 심으셔서 사람이 확 달라졌지만…….

그리고 임원이 되고 나서 두 번 연속 발탁승진으로 만회했다. 대단하지 않은가? 그 두 분의 특징은 승진과 승진 누락에 대해서 눈 하나 깜짝하지 않고 자기 길을 갔다는 거다. 그분들이 어느 시점에는 개판 치고 또 어떤 시점에는 적장의 목이라도 따온 것 같은가? 그 두 분은 늘 한결같았다. 승진이라는 것은 외생변수였을 뿐이다.

당신은 외생변수나 잣대의 변화와 관계없이 계속 승진하고 싶은가? 내가 팁을 하나 드리겠다. 그렇게 하려면 조직 내의 누가 보더라도 저 친구는 1등이다라는 느낌이 들 수 있도록 노력하라. 그러면 절대 승진에서 떨어지지 않을 것이다. 그런데 그게 정말 쉽지 않다는 사실은 여러분도 잘 알 것이다.

팁을 하나 더 드리겠다. 에이브러햄 링컨 대통령 이야기이다. 그분은 정치하면서 선거에서 이겨본 적보다 진 적이 훨씬 많았다. 그쯤 되면 좌절할 만도 한데 도무지 이 양반 꺾이지 않았다. 그런데 선거에 떨어지는 날 그분이 하는 행사가 있었다고 한다. 일단 낙선했다는 소식을 들으면 가장 비싸고 맛있는 레스토랑에 가서 배불리 먹는다. 그리고 이발소에 가서 머리를 단정하게 정리한다. 그리고 말한다.

"이제 누구도 나를 패배자로 보지 않겠지? 지금부터 다시 시작하는 거다."

그러니 누가 그의 의지를 꺾겠는가. 명함에 쓰여 있는 그 무엇을 바꾸기 위해서 오늘도 노심초사하는 그대에게 한 가지 충고를 하자면……. 그거 달 때는 한 개씩 올라가지만 내려올 때는 한번에 다 뗀다는 사실을 기억하라. 앞에서 설명한 내가 존경하는 두 형님도 언젠가는 그만둔다. 직장생활을 엄청나게 잘해서 조직의 사장이 된다고 해도 언젠가는 자리를 내놓게 된다는 말이다.

그렇게 평생 목숨 걸고 매달려온 계급장을 한번에 다 떼고 나면 어떻게 할 건가? 이제 인생 그만 살 건가? 나는 오랜 시간 임원인사를 담당하면서 그런 부분을 철저하게 느꼈다. 나는 수도 없이 퇴임발령지를 쳐봤다. 그렇게 평생 모든 걸 바쳐가며 노력해서 쌓아올린 것을 한번에 벗는 사람들의 반응은 제각각이었다. 그리고 많이 올라간 분일수록 한번에 떼는 계급장이 무겁고 떼어내는 고통은 당연히 더 아프게 마련이다.

그거 정말 허망한 것이다. 명함에 집착하지 마라. 중요한 것은 명함에 적힌 것이 아니라 당신 자신의 역량이다. 내가 이 글을 쓰기 시작하면서 절대로 철학이나 인문학의 전문가를 불러들여 독자들 머리 안 아프게 하겠다고 굳게 결심했지만 딱 한 분만 모셔오겠다. 지식사회학이란 학문을 창시한 카를 만하임은 이렇게 말했다.

"네가 태어난 후에 경험하고 학습하고 고민하고 느낀 것, 그 모든 것을 합해놓으면 그게 바로 너다!"

너무 어려운가? 그 탁월한 이론을 한 마디로 '딱 이거다'로 설명하기는 정말 어렵다. 쉽게 설명해보자. ○○에 어떤 상무님이 계신다. 그분에게 "너는 누구냐?"라고 물었는데 "난 ○○의 아무개 상무입니다."라고 답했다. 그런데 어제 은퇴를 하셨다. 다시 물었다. "너는 누구냐?" 그런데 지금도 상무라고 답할 건가?

결국 "내가 누구냐?"라는 것은 나에 대한 포장지―소속회사, 직급―가 아니라 그 사람이 가지고 있는 경험과 지식과 철학과 가치와 역량의 합계다. 어제 은퇴를 했다고 그 상무의 경험과 지식과 철학과 가치와 역량은 하루 만에 사라지지 않는다는 것이다.

그 상무란 것에 걸맞은 역량을 그대로 가지고 있다면 언제든지 그런 일을 다시 맡을 수 있다. 그런데 자기가 가진 지식과 철학과 가치와 역량이 그 자리에 부응하지 못한다면, 그리고 그 사실을 본인이 알게 된다면 아마 그 순간부터 그 '계급'과 '자리'를 빼앗기지 않기 위해서 목숨을 걸게 될 것이다. 그리고 그때부터 그것을 손에서 놓치지 않기 위해서 인생이 하염없이 치사해지고 졸렬해진다. 그리고 매일의 삶이 비참해지는 것이다.

시간이 흐르면 그 사람의 인생에 남는 것은 언젠가 이슬처럼 사라져버리는 계급과 자리밖에 없게 된다. 당신의 노력을 직급이나 직장의 위치와 같은 당신의 포장지가 아니라 당신 자체에 투자하라. 당신의 가치와 역량이 높아지면 당신의 직급과 위치는 당연히 따라오는 것이다.

당신은 어제보다 아름다워지려는 사람인가?

얼마 전에 구본형 선생이 타계했다. 그분의 명함에는 '변화전문가 구본형—우리는 어제보다 아름다워지려는 사람을 돕습니다.'라고 쓰여 있었다. 그분은 59년의 짧은 인생이지만 자신이 그 명함에 써놓은 그대로의 인생을 치열하게 살다 가셨다. 그분이 생전에 이런 말을 했다.

"이 세상에서 가장 쩨쩨한 것이 생각 없는 월급쟁이다. 고작 다른 사람이 시키는 일이나 하고 품삯을 벌어 사는 사람이기 때문이다. 평범한 월급쟁이는 기껏 해봤자 남의 집 종에 불과하다. 진짜 조직의 주인이 돼 일하는 사람이 되려면 다른 사람이 내 운명을 쥐고 흔드는 것에 분개하라."

우선, 당신에게 일자리를 주는 '고용주'에게 진정으로 감사하라. 오늘날과 같은 시대에서는 미우나 고우나 일자리를 만드는 사람에게 크게 감사해야 한다. 그러나 반드시 그리고 절대로 잊지 말아야 할 사실이 있다. 내가 이 회사에서 일한다는 것은 고용주가 천사처럼 선한가 아니면 악마처럼 악한가와 관계없이 거기서 일하는 행위가 고용 '계약'에 기반을 두고 있다는 사실이다. 고용하는 사람과 근무하는 사람이 대등한 관계에서 맺은 계약이라는 말이다. 어느 한쪽이 마음에 안 들면 언제든지 파기할 수 있는 것이 현대사회의 계약이란 것이다.

자기는 언제든지 회사가 싫으면 계약을 파기하고 그 회사 뒷일이 어찌되는지와 관계없이 떠날 수 있는 것을 당연하게 생각하면서 회사의 기대에 부응하는지 못하는지는 모르겠고 일단 고용한 이상 함부로 해고하지 말라고 강짜를 부리는 것은 온당하지 못하다. 나도 상대적으로 약자일 수밖에 없는 노동자를 보호한다는 취지는 깊이 공감하는 바이다. 하지만 그걸 이용해서 부당하게 행동하면 안 된다. 내가 조직에 공헌하는 것만큼 조직이 나에게 보상하는 것이다. 그게 온당하고 공정한 것이다. 그리고 회사가 나에게 주는 만큼 내가 공헌을 못하고 있다면 더 노력해야 한다. 그게 안 되면 월급을 적게 받든지 그도 아니면 계약을 파기하고 회사를 떠나주는 것이 온당하다는 말이다.

한국의 인사 관행에 대해서 외국의 인사담당자들이 이해 못하는 것이 한두 가지가 아니지만 특히 이해하지 못하는 것이 이 대목이다. 명예퇴직이라는 것! 물론 그게 전혀 명예롭지 못한 퇴직이라는 건 여러분도 알 것이고…… 회사의 상황이 어려워져서 고용을 줄여야 하는데 사람을 선정하고 나면 10개월이나 20개월씩의 기본 급여를 주지 않으면 안 나간다는 태도를 이해하지 못한다는 것이다.

미국의 사례를 알려줄까? 일단 회사가 어려워져서 사람을 해고해야 하면 명단을 확정하고 통보를 한다. 그러면 경비가 와서 일단 그 사람을 에스코트해서 회사 밖으로 모신다. 그러면 그 순간부터 자신의 출입증이 정지되고 건물 안으로 들어갈 수 없다. 그러면 회사 내에 있는 내 사물은? 그런 걸 담당하는 직원이 박스에 담아서 집으로 배달해준다. 그리고 1개월치 급여만 추가로 지급하고 끝이다.

내 말은 우리도 그렇게 하자는 것이 아니다. 평생을 회사에 봉직해온 마당에 회사가 어려워져서 사람을 줄여야 한다면 일정 수준의 성의를 표하는 것이 바람직하다고 생각한다. 그러나 그것을 당연하다고 생각하는 것도 곤란하다는 것이다.

그리고 이 참에 한 가지 더 짚고 가야 할 점이 있다. 회사가 우리를 친자식처럼 사랑하고 아껴주며 소중하게 여겨줄 것을 바라면서 나는 회사를 사랑하지 않는 것만큼 이율배반적인 것이 없다. 회사에서 여러 가지로 부족한 나를 아껴주고 키워서 미래의 동량으로 만들어가기를 원하는 만큼 회사의 제품을 아끼고 주변에 긍정적인 이야기를 해야 하는 게 온당한 것이다.

입만 열면 회사 정책이나 상사에 대해서 흉이나 보는 사람이 어떻게 회사의 주인이겠는가? 그는 분명히 그 회사가 죽도록 싫지만 떠날 곳이 없는 무능력자이자 그 회사에 종속된 '종놈'일 뿐이다.

자신을 스스로 고용하는 자가 되어라

"(자기 자신이) 시키는 일을 하며 품삯을 버는 피고용인이라고 생각해서는 안 된다. 자신의 비즈니스를 경영하는 경영자라고 생각하라. 시키는 일을 하는 총무부 직원이 아니라 회사와 총무 서비스를 계약한 비즈니스 파트너라고 생각하라. 내 서비스에 만족하면 회사는 좋은 대우에 안정적인 조건으로 계약을 갱신해갈 것이다. 나를 '나$_{me}$'라고 불리는 1인 기업의 경영자라 생각하라. 그러면 그 순간 자신이 하는 서비스를 개선하지 않으면 안 된다는 불안과 욕망이 머리를 치켜들 것이다."

구본형 선생이 한 말이다. 아마 당신은 그 순간부터 급격하게 성숙해갈 것이고 엄청난 가치를 가진 사람이 될 것이다. 직장인들이 자신을 계발하는 가장 훌륭한 수련원은 바로 직장이라는 현장이다. 따라서 '지금, 여기, 내가 매일 하는 일상의 업무'를 전략적으로 재구성하고 창조적으로 집중적으로 계발해서 '자신을 스스로 고용하는 자'가 되는 것이 가장 현실적이고 우선적인 목표가 돼야 한다.

몸이 어디에 있든 하는 일이 무엇이든 자신이 지금 하는 현업을 자기 자신의 비즈니스라고 인식하고 남과는 뭔가 다른 서비스를 제공하려는 마인드를 가진 직업인들은 강자이기 이전에 자기 인생을 사는 사람이다. 자신이 월급쟁이가 아니라 스스로 자신의 일을 창조하고 경영하는 직업인이라는 깨달음으로 무장돼야 한다. 직장인이라도 일상의 직무를 자신의 (독립된) 비즈니스로 인식하고 그 바탕 위에서 현업의 전문성을 강화하고 자신을 차별화해 세상에 자신의 브랜드를 알리려는 사람이 돼야 한다.

기업과 직원과의 관계는 누가 뭐라고 해도 법적으로는 고용 '계약관계'이다. 직원은 노무를 제공하고 기업은 그것에 상응하는 급여를 제공하는 관계라는 말이다. 같이 살던 부부도 수틀리면 확 이혼하는 요즘 시대에 기업과 직원과의 관계가 오죽하겠는가. 우리는 언제든지 헤어질 수 있는 계약관계의 기반 위에 있다.

회사가 노동시장에서 통용되고 사회적으로 이해되는 수준의 급여를 주지 않거나 역으로 직원이 이해되는 수준의 일 처리를 제공하지 못하면 계약 종결이 당연한 것이다. 그러니 회사가 손해라는 생각이 들지 않도록 최선을 다해서 자신을 계발하고 성장시켜가라. 그게 딱 싫으면 설령 회사가 승진시켜주겠다고 해도 사양하라. 그게 오히려 오래가는 길이다. 회사가 정리할 사람을 고를 때는 직급과 연봉 대비 능력과 기여를 평가 비교한다. 준비 없이 능력에 벅찬 직급에 오른다는 것만큼 위태로운 일은 없다.

나는 아직도 그렇게 생각한다. 앞으로도 그러기 위해서 최선을 다한다. 나는 회사에서 좀 나가줬으면 하는데 어떻게 하루라도 더 버텨보려고 애쓰는 상태가 되는 건 죽어도 못하겠다. 회사가 나가줬으면 하는 생각을 하기 전에 내 발로 당당히 알아서 나가주는 게 내 꿈이다. 설마 이 책을 내 보스가 보고 바로 다음날 나를 불러 "사실은 한참 전부터 나가줬으면 하는 생각이 있었다."라는 말씀을 하는 황당한 사태가 벌어지는 건 아니겠지…….

하지만 내 꿈은 분명히 그렇다. 내가 더는 회사에서 주는 급여 수준에 걸맞은 것을 제공하지 못한다는 생각이 들면 바로 짐을 싸는 것이다. 폼 잡고 싶다는 단순한 생각 때문에 그러는 것이 아니다. 나름의 배수의 진을 치는 것이다. 앞으로 그런 사태가 벌어지지 않도록 하려면 더 열심히 노력해야 한다는 강박관념을 스스로 가지려는 것이다. 여기에 내가 말하고자 하는 정답이 있다.

그리고 또 하나! 언제든지 떠날 준비를 하면서 최선을 다해 기대에 부응하려는 사람은 회사가 반드시 꼭 붙잡게 돼 있다.

시작할 때부터 떠남을 준비하라

그럼에도 무릇 사람은 떠나야 할 때가 있는 법이다. 떠남의 방법에는 두 가지가 가능하다. 하나는 제 발로 떠나는 것이다. 이 경우는 반드시 갈 곳을 정해두고 떠나야 한다. 그러나 지금 있는 곳이 싫어서 무작정 떠나면 그건 바로 가출이다. 겨울에 노숙해본 적이 있는 사람은 가출하면 안 된다는 걸 뼛속까지 안다. 한순간의 성질을 못 참아서 확 떠나버리는 바보짓은 절대로 하지 마라.

지금의 경제환경은 겨울이 아니라 소빙하기이다. 일반적으로 불황이라는 것은 자본주의 경제체제가 가지고 있는 본연의 순환주기에 의한 것이고 주기적으로 반복되는 것이다. 자본주의 경제에서 호황과 불황은 봄 여름 가을 겨울로 이어지는 사계절처럼 돌고 도는 것이다. 그러나 지금 우리가 봉착하는 불황은 조금만 참아내면 따뜻한 봄이 오는 겨울은 아닌 것 같다. 지금은 추위가 상당기간 지속하는 소빙하기 같다. 이런 시절에 준비 없이 나가면 반드시 얼어 죽는다.

다른 하나는 떠남을 강요당하는 것이다. 이 경우는 참담하게 버려진 기분이다. 이런 처참한 상황이 자신에게 생기는 것을 막기 위해서는 두 가지 방법이 있다. 첫 번째는 조직에서 붙잡는 꼭 필요한 사람이 되는 것이다. 그리고 다른 한 가지는 쫓겨나기 전에 제 발로 떠나는 것이다.

앞에서도 말했듯이 우리도 언젠가는 회사를 떠나야 한다. 잘해서 CEO까지 하고 떠나든, 임원으로 떠나든, 아니면 영광스럽게 정년으로 떠나든, 또 아니면 회사가 어려워져서 중도에 권고사직으로 떠나든 언젠가는 반드시 회사를 떠나야 하는 것이 우리의 운명이다.

그래서 우리는 언제나 떠남을 미리 준비하고 있어야 한다. 여러분이 늘 하는 여행이 그렇지만 여행의 반은 준비에 있다. 지도를 펴고 행선지를 정하고 어디를 거치고 무엇을 보고 무엇을 먹을까 생각하는 과정 자체가 여행의 반이다. 어차피 필연적으로 예정된 떠남이라면 지금부터라도 떠남을 계획하는 것이 좋다. 그 떠남을 지금부터 준비해야 한다.

그런데 공교롭게도 한 직장에서 밀려나지 않기 위해서 꼭 필요한 사람이 되는 것과 자신 있게 제 발로 떠날 준비를 하는 것은 동전의 양면이다. 조직이 저 친구는 절대 내보내면 안 된다고 생각하며 붙잡는 그런 인재-전문성을 갖추고 열정과 헌신으로 가득한 사람은 다른 곳에서도 그런 기회를 언제든지 쉽게 찾을 수 있다. 그리고 그런 사람은 지금 직장에서도 절대로 놓치지 않으려고 눈치를 본다. 행여라도 그만두려 하면 가지 말라고 최선을 다해 붙잡는다.

여러분은 긴 세월을 학교에서 보내왔기 때문에 직장에 와서도 학창시절에 몸에 밴 중요한 착각을 하나 버리지 못하고 있다. 학교에서는 학교가 중대하게 금하는 행위만 하지 않으면 성적이 나쁘다는 이유로 쫓아내지는 않는다. 그러나 기업은 좀 다르다. 기업은 현대경제의 엄청난 경쟁 속에서 생존하기 위해서 발버둥을 치고 있다. 그래서 그 속에 소속된 직원들은 단순히 금지 행위를 하지 않는 것만으로는 부족하다. 성적이 나쁘면 쫓겨날 수도 있다.

'설마 회사가 나한테 그렇게까지 하겠나?'

당신은 그렇게 생각하는가? 나는 오랜 세월 동안 사람과 관련된 일을 해왔다. 그래서 말인데…… 그 '설마'가 사람 잡는 거 여럿 봐왔다. 그래서 물어보는 건데 "독자님, 당신은 도대체 누구인가요?" 그리고 "누가 되고 싶으신가요?"

질 문 2

How do I work?
어떻게 일할 것인가?

직장인 대부분은 아침 일찍 회사에 나가서 종일 뭔가를 한다. 그것도 매우 열심히. 그리고 그중 많은 사람이 "내가 이 짓을 왜 하는지 모르겠다."라는 푸념을 한다. 누가 나서서 내가 이 짓을 왜 하는지에 대해서 좀 알려줬으면 좋겠다고 생각한다. 아주 흔한 우화 하나를 예로 들겠다.

큰 그림을 보고 일하라

어느 날 산책을 하던 한 여자가 우연히 공사현장을 보았다. 어마어마하게 큰 공사현장의 한 모퉁이에서 세 남자가 뭔가를 열심히 하고 있었다. 호기심이 생긴 여자는 그중 한 인부에게 다가가 "지금 무얼 하느냐?"고 물었다. 그러자 그 인부는 여자를 귀찮다는 눈빛으로 힐끗 쳐다보면서 짜증스럽게 대답을 내뱉었다.

"아니 보면 모르세요? 벽돌 쌓는 거 안 보이세요?"

그 여자는 쉽게 물러서지 않고 다음 인부에게 다가가서 다시 물었다. 그 남자는 메마른 목소리로 무덤덤하게 대답했다.

"높이 10미터, 폭 30미터, 너비 50센티미터로 벽을 쌓고 있소."

그러고 나서 그 인부는 여자가 처음에 물어본 동료를 바라보면서 말했다.

"이봐 덕칠이! 방금 벽이 선을 넘어갔잖아. 지금 거기 놓은 마지막 벽돌은 치워야지!"

그녀는 두 번째 인부의 대답에도 성이 차지 않았던지 세 번째 인부에게 다가가서 뭘 하느냐고 물었다. 그는 다른 두 인부에게 물어보고도 똑같은 질문을 반복하는 그 여자를 흥미로운 눈빛으로 쳐다보면서 말했다.

"네, 세상에서 제일 큰 성당을 짓고 있습니다."

그 인부는 그녀에게 좀 더 자세히 설명해 주려고 했다. 그러나 좀 전에 잘못 놓은 벽돌을 가지고 큰 소리로 다투는 두 인부 때문에 방해가 됐다. 그는 두 인부를 향해 말했다.

"이봐, 그만들 해. 이 벽돌은 코너 안쪽에 놓일 거라서 전체를 미장으로 덮을 거고. 그러면 삐져나온 부분이 안 보여. 그러니까 다음 일이나 하라고."

이 뻔한 우화를 놓고 많은 사람은 그렇게 해석을 한다. 성당을 짓는다는 소명의식을 가지고 일하는 사람은 그냥 벽돌공보다는 하는 일이 행복할 수 있다고. 그런데 이 우화에서 생각할 것이 그것뿐일까? 내가 보기에는 중요한 시사점이 또 하나 있다. 비록 그들이 한 귀퉁이에서 벽돌이나 쌓는 단순한 일을 반복하고 있지만 큰 그림을 볼 수 있는 사람과 그렇지 못한 사람의 차이를 보여준다는 점에 주목해야 한다.

첫 번째 남자는 그날 지시된 일에만 몰입하고 있다. 두 번째 남자는 그날 해야 하는 일을 잘하려면 어떻게 해야 하는지를 고민했고 확실히 파악했다. 그런데 세 번째 남자는 그날 하는 일뿐만 아니라 팀과 조직 전체가 하는 작업의 큰 그림으로 보고 있다.

이 소중한 스토리에서 단순히 '일을 하는 데는 소명의식이 중요하다'는 결론만으로는 너무 아쉽다는 느낌이 든다.

왜 그 일을 하는지에 대한 답을 찾아라

앞서 두 인부 모두가 그 공사결과가 성당이라는 걸 모르고 거기서 벽돌을 쌓고 있을까? 절대 아닐 것이다. 그러면 감독관이 그들의 일이 성당을 짓는 소중한 일이라는 사실과 그 과정에서 벽돌 쌓기의 중요성에 대해서 자세하게 설명해줬을까? 그것도 아마 아닐 것이다. 감독관은 작업이 종결돼야 하는 시점과 작업에서 요구되는 품질 정도는 충분히 '지시'해주었을 거다.

결국 성당을 짓는 중요한 일을 하고 있다고 느끼는 것은 누가 알려주는 것이 아니다. 내가 성찰을 통해서 찾아내는 것이다. 세상의 어느 감독관도 그렇게 친절하게 설명해주지는 않을 것이다. 그들도 너무 바빠서 코가 석 자이거나 아니면 감독관 자신도 잘 모르고 있을 것이다. 당신이 모시는 상사도 아마 마찬가지일 것이다. 왜 그 일을 해야 하는지에 대한 대답을 상사의 설명에서 기대하지 마라. 그것을 알아내는 것이 당신 업무의 한 부분이라고 생각하라. 주어진 일을 더 잘하기 위해서라도 반드시 필요하다.

"우씨! 나는 왜 계속 일루수만 보라고 해! 나도 투수하고 싶단 말이야!"

야구팀에서 운동하는 녀석 중에 이런 주장을 하는 친구가 있다고 치자. 그런데 이 친구 타격은 좋은데 투구 실력은 떨어진다. 그런데도 계속 투수를 안 시켜준다고 투덜거리며 분란을 일으키면 어떻게 해야 하나? 진짜 투수를 한 번 시켜줘? 그리고 게임 한번 제대로 개판 쳐?

야구단에서 중요한 것은 투구하고 싶어 하는 그 엉뚱한 일루수가 최대 행복을 얻는 것이 아니다. 그 팀의 구성원들이 가장 잘할 수 있는 것을 나눠 맡고 각자가 그 역할에 최선을 다해서 좋은 성적을 올리는 것이다. 투구 못하는 놈이 투수하겠다고 분란을 일으키면 팀 밖으로 내보내는 것이 야구단의 존재 이유에 맞는 방법이다.

팀이든 회사이든 중요한 것은 구성원 개인의 최대 행복이 아니다. 중요한 것은 그 조직이 존재하는 이유를 충족시키고 목표를 달성하는 것이다.

각자 맡은 일을 책임지고 또 함께 통합하라

한 사람의 힘에는 분명한 한계가 있고 혼자서 성취할 수 있는 일은 매우 제한적이다. 그래서 인류는 혼자서 창출할 수 없는 일(성과)을 집단을 이루고 조직을 만들어서 성취해왔다. 이런 이야기는 이미 도입부에서도 입이 닳도록 이야기한 바 있다.

그리고 그 집단화와 조직화의 가장 발전된 형태가 바로 '주식회사'다. 주식회사로 통칭하는 오늘날의 대기업은 많게는 수십만 명의 직원을 고용한다. 그런데 그 수많은 직원을 데리고 어떻게 일을 일사불란하게 잘할 수 있을까? 돌아가신 애덤 스미스 선생을 모셔오지 않아도 '분업'이라는 방법이 현대기업 운영의 기초라는 사실은 여러분도 익히 알 것이다.

애덤 스미스는 사실 적잖은 오해를 받아왔다. 상당히 많은 사람이 부자의 편에 선 사람이라고 오해하는데 사실은 전혀 그렇지 않다. 그는 가난하고 박해받는 사람들을 위해서 많은 연구를 했고 1776년에 자신의 생각을 집대성해서 『국부론』을 저술했다. 그리고 그는 원래 전공이 경제학이 아니고 철학이다. 도덕에 대해 연구를 하던 사람이다. 그의 책 중에 『국부론』 다음으로 유명한 것이 바로 『도덕감정론』이다.

그 『국부론』은 많은 사람이 『성경』 이후에 가장 중요한 책이라고 찬사를 보낸다. 그 책에서 언급한 많은 내용이 오늘날의 자본주의라는 시스템의 틀을 만들었기 때문이다. 그가 창안한 아이디어와 통찰은 카를 마르크스 같은 공산주의자들도 이용했다. 마르크스의 사상에서 가장 중요한 축인 '노동 가치설'도 그 책에서 나왔다. 마르크스도 『국부론』을 수백 번 읽었다고 한다.

그는 가난한 자의 편에 서서 지지하고자 노력한 학자이다. 빈곤층은 왜 가난해졌는지와 어떻게 하면 가난에서 벗어나게 할 수 있는지를 깊이 연구했고 그 해법으로 '개방된 시장'이라는 개념을 창시했다. 그리고 그 사상이 오늘날 자본주의의 근간을 만들어냈다.

어떻게 보면 참 좋은 사람이었다. 신자유주의를 주장하는 사람들이 그렇게 신봉하는 '보이지 않는 손'이라는 단어는 『국부론』에서 딱 한 번 등장한다. 그런데 후대에 와서 정부의 개입이나 규제를 못마땅하게 생각하는 사람들이 시도 때도 없이 '보이지 않는 손'이라는 단어를 끌어다 쓰기 시작했다.

'보이지 않는 손'을 들먹이며 정부의 개입이나 규제 따위는 없애야 한다는 논리를 펼친 것이다. 그러나 그는 그런 의미로 사용한 것이 아니다. 그는 가진 자와 정치인들이 부당한 방법으로 못 가진 자를 착취하는 세상에서 벗어나 모든 사람이 여유 있게 사는 세상을 꿈꾼 철학자였다. 당시의 가진 자와 정치인이 힘을 합쳐 시장에 개입하는 못된 짓을 하지 말라는 뜻이었다.

그건 그렇고 다시 분업이라는 이야기로 돌아가보자. 그 애덤 스미스가 어느 날 핀을 만드는 공장을 방문했는데 그 공장에서 핀을 만드는 공정을 18개의 작은 단위로 나누어서 실행하는 것을 보았다고 한다. 철사를 펴고 끊고 한쪽을 뾰족하게 만들고 다시 구부리는 작업을 거친 뒤 상자에 넣어 포장했다. 그 공장에는 10명의 직원이 일했는데 세분화된 작업 중 한 가지만 개인이 맡아서 전문적으로 처리했다고 한다. 그리고 그들은 하루에 4만 8,000개의 핀을 생산했다고 한다.

그런데 10명이 공장에 나오지 않고 각자의 집에서 가내수공업 형태로 핀을 만들고 포장하는 작업까지 혼자서 한다면 어떨까? 당시에 그런 가내수공업자들은 개인당 하루에 20개도 만들지 못했다고 한다. 이게 바로 애덤 스미스가 말하는 '분업의 힘'이다. 개인이 할 수 없는 일을 집단과 조직을 만들고 직무를 나누어 각자 일을 전문화해 더 큰 성과를 성취하는 힘 말이다.

현대 기업은 그 기업의 성과 창출에 필요한 모든 직무를 구성원들에게 체계적으로 분담시킨다. 이 단계가 '분업'이다. 그리고 분담된 제반 직무들이 빈틈없이 유기적으로 돌아갈 수 있도록 체계적인 관리활동을 한다. 우리는 이것을 '통합'이라고 한다.

기업활동 = 분업 + 통합

현대 기업의 조직 안에서는 수천 명 혹은 수만 명에게 나누어진 직무들을 개인들이 맡아서 진행한다. 그런데 각각의 업무수행이 조식에 주어진 목표와 목적에 맞는지, 또 다른 직무와 유기적으로 연결되는지를 실시간으로 파악해서 조정하고 통제되어야 한다. 그것이 통합이고 관리다. 당연히 조직의 규모가 커지면 커질수록 그 관리의 난이도는 올라갈 수밖에 없다.

그럴 때는 '관리' 작업도 분업으로 처리할 수밖에 없다. 그러고 나면 조직 내에는 세분화되고 파편화된 직무들로 꽉 찰 것이다. 여러분이 1,000명이 근무하는 대기업에 들어간다고 치자. 여러분이 처음 담당하는 일은 그 기업이 하는 가치 창출과정의 1,000분의 1 조각을 맡는 것이다.

'장님 코끼리 만지기'라는 우화를 들어봤을 것이다. 그래도 그 우화에서는 장님들이 코끼리의 코나 꼬리나 다리를 만지고 소회를 이야기한다. 그러나 여기는 1,000분의 1일이다. 도무지 큰 그림을 알기가 어렵다. 그리고 누구도 여러분에게 큰 그림에 대해서 자상하게 설명해주지는 않을 것이다.

여러분은 '성당을 짓는 소명을 수행하는 벽돌공'의 행복을 가지고 싶은가? 그렇다면 스스로 노력하라. 우리 회사의 큰 그림을 알기 위해서 물어라. 최소한 본인에게 '이 일을 우리가 왜 하는지, 이 일이 어떤 것에 영향을 미치는지' 끊임없이 물어보라. 그러고도 모르겠으면 공손하게 상사에게 물어라.

"팀장님, 제가 어리석어서 그런지 모르겠지만 이 일을 왜 하는지, 어떤 것에 영향을 미치는지를 모르겠습니다. 더구나 이 일을 잘했다고 판단받을 수 있는 기준조차 잘 모르겠습니다. 바쁘신 것 알지만 설명을 좀 부탁합니다."

이런 질문에 한숨 쉬면서 "야 이 멍청한 놈아……"라고 시작하는 상사가 있다면 크게 마음을 두지 마라. 그가 멍청한 인간이든지 혹은 성격상의 결함이 있든지 해서이다. 내 오랜 조직생활의 경험으로 비추어보아 그런 상사는 오래가지 못할 것이다.

왜 세상의 모든 상사는 까칠한가?

그럼 세상의 모든 상사는 왜 그렇게 까칠한가에 대해서 한 번 생각해보자. 팀장들에게 교육하면서 계속 되풀이한 질문이 있다.

"당신은 부하들에게 어떤 상사가 되고 싶습니까?"

팀장들에게 그런 식으로 옆구리 확 찌르는 질문을 던지면 상당히 당혹해한다. 그나마 그 자리에서 억지로라도 짜내놓은 답변이 뭘까? 그들이 내놓은 답변에서 가장 중복성이 높은 것은 아래와 같다.

존경받는 상사
배우고 싶은 상사 혹은 롤모델이 되는 상사
형님 같은 상사
유능한 상사
편하게 말할 수 있는 상사

개뿔이나……. 세상의 모든 팀장이 개꿈 속에 빠져 있는 거다. 내가 단언하는데 직장 상사는 '전생의 철천지원수를 이생에서 다시 만난 것'이다. 절대 그 이상도 그 이하도 아니다. 이 이야기를 팀장들에게 해주면 다들 표정이 '뜨악'해진다. 설마 내가 그렇게까지야…….

하지만 내가 단언하는데 딱 거기다. 한번 생각해보자. 여러분이 살아오는 평생 미우나 고우나 여러분 편이 돼준 사람이 누구인가?

낳아주고 키워주고 밥 먹여주고 학교 보내주고 아프면 더 아파하고 기쁘면 더 기뻐하는 존재가 여러분에게 있었을 것이다. 바로 여러분의 부모님이다. 내가 살아오는 평생을 사랑으로만 대해준 분들이다. 그런데 그런 부모가 심부름을 시키면? 맨날 그런 건 아니지만 솔직히 가끔은 짜증 날 때가 있지 않았는가?

이 질문을 수천 명에게 해왔지만 "나는 완전 효자 혹은 효녀라서 한 번도 그런 적이 없다"고 이야기한 사람은 아직 단 한 명도 못 만났다. 설마 지금 이 책을 읽고 있는 당신이 그런 '예외적인 효자 혹은 효녀'는 아니겠지? 그렇지 않은가? 내가 살아온 평생 나에게 사랑으로만 대해주신 그런 부모가 뭘 시켜도 짜증 나는 판에 상사는 나를 언제 봤다고 뭔가를 끊임없이 시킨다. 시키는 강도도 그렇다. 사람의 숨이 꼴딱꼴딱 넘어갈 정도로 시켜댄다. 한 마디로 짜증이 제대로다.

그 시켜대는 것이 하루 이틀로 끝날 문제도 아니다. 대충 며칠간 그렇게 사람을 볶아대고 마는 게 아니지 않은가? 1년 365일도 모자라 몇 년씩 시켜대지 않는가 말이다. 그래도 예전에는 좋았다. 최소한 주말에는 뭘 시키지 않았으니까. 그런데 요즘은 스티브 잡스인지 하는 인간이 세상을 바꿔놓은 통에 주말도 사라졌다. 잘 쉬고 있는 일요일 오후에 '카톡'이라는 귀여운 아기 목소리와 함께 날아온 문자.

"잘 쉬나? 생각해보니까 저번에 그 일 말이야……. 좀 깊이 고민해보고 내일 아침에 자세히 보고 좀 해줘."

이 카톡 한 방에 남아 있는 일요일 오후는 바람과 함께 사라져버린다. 당신이 만약 상사라면 제발 그러지 마라. 수첩에 메모해두었다가 다음날 아침에 이야기하라. 부하들이 당신이 갑자기 생각한 아이디어를 적어놓는 보조기억장치는 절대 아니다.

그래서 나는 카카오톡의 아기 목소리에 질겁을 한다. 원래 아기를 참 좋아했는데 그놈의 '카톡' 소리 때문에 아기가 싫어질까 봐서 아예 스마트폰을 늘 진동으로 해둔다. 불쌍한 내 스마트폰은 나에게 팔려온 지 1년이 넘었지만 아직 한 번도 마음껏 울어본 적이 없다. 나에게 용무가 있으면 늘 외롭게 부르르 떨 뿐이다.

그건 그렇고 그 전생의 원수에게 일말의 인간성이라도 남아 있으면 그렇게 사람을 볶아놓고 뭐가 좀 미안한 마음이 있어야 정상 아닌가? 그런데 그런 거 하나도 없다. 나름대로 열심히 노력해서 만들어가면 눈빛이 그렇다. "불만 가~득."

못마땅한 얼굴로 보고서를 한참 내려다보다 내 얼굴을 쳐다보다 다시 보고서를 보다가 드디어 한숨을 푹 쉬면서 이런다. "아니 김 대리, 내가 이렇게 하라고 시켰나?!" 그리고 본론이 시작된다. "자네는 사람 말귀를 그렇게 못 알아듣나? 아니, 지시할 때는 뭘 듣고 있다가 이렇게 해왔나? 잘 모르겠으면 중간에 물어보고 해야 하는 거 아닌가…… 따따따…….."

그나마 점잖은 상사가 이 정도이고 성질 급한 상사는 고함도 지르고 열 받으면 결재판도 던진다. 자기가 나를 언제 봤다고. 이런 게 전생의 원수가 아니면 어떤 존재가 또 있어서 전생의 원수일 수 있는가?

그런데 뭐?! 전생의 원수 주제에 존경받는 상사? 배우고 싶은 상사? 형님 같은 상사? 그게 개꿈이 아니면 또 어떤 게 있어서 개꿈의 반열에 들어간단 말인가. 이런 관점에서 보면 리더십이 얼마나 어려운 것인가. 사람들은 리더십이라는 것을 정말 쉽게 말한다. 하지만 나는 절대 그렇지 않다고 생각한다. 리더십이라는 게 '전생의 원수 마음을 헤아리고 어루만져서 변심을 시키고 나를 위해 한 번쯤 죽어줄 수 있게 하는 기술'이다. 이게 쉽겠나? 인간이 배우기에는 난이도 극한의 최고 어려운 기술이 아니겠는가.

그런데 왜 세상의 모든 상사는 '전생의 철천지원수' 역할을 할 수밖에 없을까? 앞에서 잠깐 언급한 분업된 업무의 통합이라는 기능에 대해서 생각해봐야 한다. 아까 그 1,000명이 근무하는 회사를 다시 생각해보자. 그 회사 구성원 1,000명은 나름대로 열심히 한다. 그런데 그 '나름'이라는 것이 사람마다 제각각이고 중구난방이라는 게 문제다. 생각도 1,000개이고 가치와 취향도 1,000개이고 판단기준도 1,000개다. 그리고 드디어 배가 산으로 올라간다.

개인의 역량을 어떻게 시스템적으로 통합할 것인가?

기업은 외부 환경 변화에 기민하게 대응해야 생존 가능성이 높다. 아래의 그림에 제시된 내용을 보자. 조직 1과 조직 2, 어느 쪽이 더 강할 것 같은가? 분업을 통해서 직무를 담당하는 모든 구성원이 회사가 지향하는 한 방향으로 몰입하고 주위의 동료 혹은 관련 부서와 유기적으로 소통하면 조직이 강해지는 것이다. 당연히 조직 2가 조직 1을 압도할 수 있다.

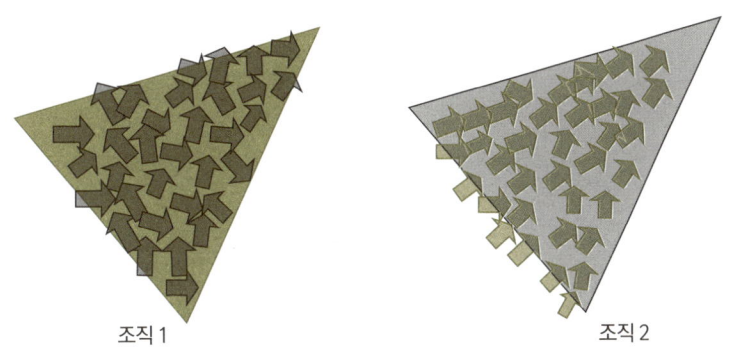

조직 1   조직 2

우리가 흔히 시너지 효과Synergy Effect라는 단어를 사용한다. '1+1이 2와 같거나 더 클 수 있다'는 의미로 팀워크가 잘만 이뤄지면 더 큰 성과를 얻을 수 있다는 의미다. 슬기로운 통합과 협력을 통해서 기존의 존재보다 더 큰 성과를 낼 수 있다는 말이다. 그러나 많은 사람이 시너지라는 단어의 유래는 모른다. 시너지란 시스템과 에너지라는 단어의 합성어이다.

$$시너지_{Synergy} = 시스템_{System} + 에너지_{Energy}$$

그냥 1+1이 아니라 그 합하는 과정이 합리적으로 시스템화돼야 더 큰 추가적 성과를 창출할 수 있다는 말이다. 그래서 조직원 개인이 가진 역량수준도 중요하지만 '그 역량들을 어떻게 시스템적으로 통합하는가?'가 더 중요하다는 것이다. 이런 관점이라면 2등 인재들이 모여서 1등 인재가 모인 조직을 이길 수도 있다. 그래서 세상이 아름다운 것이다. 1등 조직이 되려면 반드시 1등 인재들이 모여야 하고 1등 인재들이 모여 반드시 1등을 한다면 얼마나 세상이 지루할까.

경영과 관리의 기본이 '계획$_{Plan}$, 실행$_{Do}$, 평가$_{See}$, 체크$_{Check}$'라는 이야기는 여러분도 들어봤을 것이다. 경영의 기본인 '계획하고 실행하고 성과를 평가하고 분석하고 개선점을 찾아서 다시 계획에 반영하는 기본적인 연속활동'이 바로 팀 단위부터 체계적으로 실행된다. 그것을 주도하는 것이 바로 여러분의 팀장이고 상사이다. 우리가 하는 것이 어디쯤 있고 그것이 조직 전체의 방향성과 얼마나 맞는지 체크하고 개선점을 찾아서 더 나은 상태가 될 수 있도록 다시 계획하고 그 계획이 실행되도록 실행하며 그 실행상태를 다시 체크하는 과정이 바로 관리와 통합이라는 업무이다.

어떤가? 당신도 한번 생각해보라. 당신의 상사도 나름 머리 복잡하지 않겠는가? 여러분이 보기에 그들이 매일 뭔가를 끊임없이 시키고 호통치고 하면서 인생을 즐기는 것 같은가? 지금 회사가 어디로 가려는 건지, 사장님은 무슨 생각을 하는 건지, 옆 부서는 지금 어떤 상황인지……. 그들의 두뇌 회로도 새까맣게 타들어가는 중이다.

어떻게 아이디어와 생산력은 폭발했는가?

이런 통합 과정이 얼마나 중요한지를 잘 알려주는 사례가 있다. 역사 속에서 분업의 논리를 가장 성공적으로 구현한 사람은 자동차 왕 헨리 포드이다. 그는 미국 동부의 한 식육회사의 가축 도축공정에서 컨베이어 벨트를 사용하는 것을 보고 그 아이디어를 얻었다. 혁신이라는 건 늘 그런 모방에서 시작되는 것이다. 창의성이나 혁신은 하늘에서 툭 떨어지는 것이 결코 아니다.

창의성이라는 것은 타고나는 것이 아니다. 더구나 만사를 삐딱하게 보는 시각에서 나오는 것도 아니다. 요즘 아이들의 창의성을 계발한다고 이상한 학원에서 창의성 교육을 하면서 만사를 삐딱하게 보라고 가르치는데 정말 애를 삐딱하게 만드는 첩경이 될 수도 있다. 창의성이라는 것은 살아오면서 축적해온 지식과 경험이 집중적인 문제 해결의지와 맞부딪쳐서 터지는 스파크일 뿐이다. 몇 번의 창의성 훈련만으로 하늘에서 뚝 떨어지듯 생겨나는 게 아니다. 그러니 제발 창의성 훈련을 빙자해서 장사하지 말고 창의성 훈련을 받았다고 우리 애가 스티브 잡스가 되기를 기대하지도 마라.

포드는 자신의 자동차 공장에서 이뤄지는 모든 직무를 컨베이어 벨트 생산방식에 맞추어서 극단적으로 분업화했다. 모든 직무를 방금 들어온 생산직 사원도 설명만 잠깐 들으면 즉시 수행할 수 있는 수준으로 나누었다. 생산성은 폭발적으로 늘어났고 자동차 가격은 지속해서 떨어졌다. 1908년에 처음 시판할 당시에 850달러 하던 포드의 T 모델은 물가가 계속 오르는 와중에도 1925년에는 230달러까지 내려갔다.

사실 포드는 노동운동에 치명적인 타격을 입혔다. 그는 자기 회사의 생산직 근로자가 포드를 한 대씩 살 수 있는 세상을 꿈꾸었다. 생산직의 급여를 지속해서 인상했고 차 가격은 지속해서 인하했다. 실제로 당시 포드 공장의 노동자들은 T 모델을 구매할 수 있었다. 당시의 노동자들은 중고차라도 몹시 가지고 싶어 했으며 일단 차를 가지게 되면 노조 모임에 나타나지도 않았다. 그는 희극배우 찰리 채플린이 주연한 영화 「모던 타임스」에 나오는 것처럼 직원들이 무의미한 반복공정 수행에 성취감을 느낄 수 없어 고통스러워하자 파격적인 대책을 내놓았다.

근무시간을 하루 9시간에서 8시간으로 줄이고 최저임금을 하루 5달러로 올렸다. 당시 동종업계의 평균 임금은 2.34달러였다. 경쟁업체에서는 포드 공장과 같은 임금을 주고는 도저히 채산성을 맞출 수 없었다. 당시의 우파들은 현대 기업사에서 가장 극단적인 의미의 우파이자 자본가의 상징이었던 포드를 사회주의라고 맹비난했다.

그러거나 말거나 포드는 1919년에 일당을 6달러로 인상했고 1929년에는 9달러로 인상했다. 포드가 사람을 뽑겠다고 공고만 내면 포드 공장 앞에는 지원자들이 인산인해를 이루었다.

포드 공장은 미숙련자들도 얼마든지 생산 라인에 들어가서 쉽게 적응할 수 있어서 누구나 지원할 수 있었다. 포드를 전형적으로 악독한 자본가로 매도하는 사람도 많다. 하지만 그도 나름 괜찮은 측면도 많았다. 그는 당대의 자본가들과는 다르게 흑인, 여성, 전과자, 장애인의 고용에 앞장섰다. 그의 공장에 근무하는 흑인들은 경쟁업체 전부에서 고용하는 흑인들의 숫자보다 많았다. 1919년의 통계를 보면 직원 4만 5,000명 중 9,563명이 장애인이었다. 400~600명에 이르는 전과자도 고용하고 있었다. 그게 가능했던 것이 모든 작업을 세분화해서 장애인들도 충분히 수행할 수 있게 했기 때문이다.

포드의 분업전략은 탁월했다. 실적이 가장 좋았던 1923년에는 미국 전체 자동차 생산의 50퍼센트 이상을 점유했다. 그 모든 것이 분업의 힘이었다. 그런데 그렇게 잘 나가던 포드는 1931에 GM에게 선두 자리를 내준다. 그 사이에 무슨 일이 있었던 것일까?

조직력으로 싸우고 이겨라

1920년에 GM의 전문경영인 CEO로 취임한 앨프리드 슬론은 조직관리의 천재였다. MIT전기공학과를 졸업한 그는 GM의 CEO로 취임하자마자 조직계획Organization Plan이라는 문건을 통해 분권과 조정을 두 축으로 하는 분권관리체제로 GM을 개편한다.

GM은 제너럴 모터스General Motors의 약자이다. 우리말로 번역하면 '보통 자동차회사들'이다. 회사의 이름이 복수인 것은 여러 개의 회사를 합병해서 만들었기 때문이다. 당시 포드의 막강한 힘에 밀려서 망해가는 중소 자동차회사들을 적극 인수합병해 하나의 회사로 통합한 것이 GM의 출발이다.

슬론이 내놓은 조직계획이라는 문건은 1918~1920년 사이에 거듭된 인수합병 때문에 급팽창한 거대조직을 어떻게 하면 슬기롭게 통제할 것인가를 해결하기 위해서 취한 긴급조치였다. 당시에 조직계획이라는 용어는 매우 낯선 것이었다. 경쟁사인 포드는 세계 최대 규모의 회사였음에도 임원들의 정확한 직책명이나 공식적인 조직도가 없었던 시절이다.

1923년 포드는 슬론의 조직계획이라는 것이 고심 어린 처방이라는 사실을 알면서도 비웃었다. "우리는 모두가 알아서 일한다."며 슬론의 새로운 시도를 낮추어 봤다. 그러나 그의 비웃음은 딱 거기까지였다. 슬론은 치밀하게 보고, 통제, 관리체계를 구축했다. 그리고 빠른 의사결정을 목적으로 하는 조직관리를 통해 외부 고객들의 취향을 시스템적으로 전략과 운영에 반영했다.

GM의 슬론은 다양한 사업부제를 슬기롭게 운용해 고객의 취향에 맞는 다품종 생산을 시도했다. 그리고 분업은 잘하지만 전체 직무 통합이나 통제가 안 돼 조직 상하 간의 의사소통 구조가 단절돼 있던 포드를 무너뜨렸다. 시간이 갈수록 격차는 점점 벌어졌다. 제2

차 세계대전 당시 GM은 미국 자동차 시장의 50퍼센트까지 차지했다. 한편 포드는 몰락을 거듭해 크라이슬러에게도 밀려 업계 3위에 시장점유율이 20퍼센트까지 추락했다. 루스벨트 대통령은 당시 매달 1,000만 달러 이상의 적자를 내는 포드의 국유화까지 고민했다고 한다.

GM은 지속해서 성장했고 결국 미국을 대표하는 기업이 됐다. 1952년 아이젠하워 대통령의 국방장관인 찰스 윌슨이 "미국에게 좋은 것이 GM에게 좋은 것이고 GM에게 좋은 것이 미국에게 좋은 것이다."라는 찬사까지 했다. 그는 GM 사장 출신이었다. GM은 거대조직을 관리하는 능력에서 출중했고 GM 출신 경영자들은 미국정부에서도 적극 스카우트를 해갔다.

포드는 창업자의 손자인 포드 2세가 1945년에 CEO로 취임하고 GM을 벤치마킹한 조직관리 시스템을 대폭 도입한 이후 회생의 길로 가지만 한 번 빼앗긴 선두 자리를 영원히 회복하지 못했다.

1964년에 슬론은 『제너럴 모터스에서 보낸 세월My Years with General Motors』이라는 자서전을 펴냈다. 당연히 베스트셀러 반열에 올랐다. 그는 자신이 '전문경영인'이라는 새로운 직업의 개념을 분명하게 세우기 위해서 책을 썼다고 논평했다. 슬론은 거대조직의 운영을 통합하고 조정하는 것이 매우 전문적인 기술이며 그런 기술과 노하우를 가진 사람들이 향후 자본주의 사회에서 매우 중요한 역할을 할 것이라는 점을 역설했다.

창업자는 독특한 아이디어와 추진력으로 회사를 세울 수 있지만 조직이 거대해지고 난 다음 그 조직을 운영하는 것은 또 다른 차원의 역량이 필요하다는 이야기이다. 통합과 조정으로 이뤄지는 '조직관리'뿐 아니라 '전문경영인'도 슬론이 만든 주요한 개념이다. 그리고 슬론의 위대한 업적을 기리기 위해서 그가 졸업한 MIT는 경영대학원의 이름을 슬론스쿨이라고 지었다.

우리는 이 사례에서 분업(분권)이라는 매우 중요한 기능에 조정과 통합이 없으면 어떻게 되는지에 대한 교훈을 얻을 수 있다.

다이아몬드가 될 것인가, 흑연이 될 것인가?

여러분은 다이아몬드와 흑연이 같은 분자로 구성돼 있다는 사실을 알고 있는가? 그 둘 다 탄소로만 구성돼 있다. 그런데 왜 하나는 세상에서 가장 강도가 높고 반짝이는 보석이 되고 또 다른 하나는 강도가 매우 떨어지는 검은 물체가 됐을까?

그것은 분자들이 결합한 형태의 차이 때문에 생기는 현상이다. 흑연은 탄소가 같은 층, 즉 옆에 있는 원소와 강하게 결합한 상태이다. 그러나 다이아몬드는 상하 좌우로 모두 강하게 결합된 정사면체 구조를 가지기 때문에 엄청난 강도를 가질 수 있다.

조직도 마찬가지이다. 조직의 상부와 하부가 어떤 상태로 결합해 있는지가 여러분의 조직을 세상에서 가장 강하고 보석 같은 존재로 만들 수도 있고 흑연과 같이 흔한 보통 존재로 만들 수도 있다. 여러분의 조직은 어떤가? 동료나 같은 직급끼리 어울려 다니며 상사들을 씹고 흉보는 조직인가? 아니면 위아래가 단단히 결합해 서로의 마음을 이해하고 빠르게 유기적으로 움직이는 다이아몬드 같은 조직인가?

또 여러분은 어떤가? 상사나 부하들과 열린 마음으로 서로 이해하고 지지하며 단단하게 결합하는 역할의 다이아몬드와 같은 인재인가? 아니면 상사의 진정한 뜻을 이해하지 못하고 이 짓을 왜 하는지에 대해서 투덜거리는 흑연과 같은 인재인가?

당신이 생각을 어떻게 하느냐에 따라 다이아몬드와 같은 인재가 될 수도 있고 흑연과 같은 인재가 될 수도 있다. 자기가 가진 재능이나 유전적 요인은 사회생활에서 결정적인 문제가 되지 않는 것 같다. 그래서 우리의 삶이 정말로 공평하고 아름다운 것이고 살 만한 것인 것 같다.

독일은 제2차 세계대전 중 개전 2개월 만에 프랑스를 완전히 점령한다. 우리는 개전 당시 독일의 전력이 엄청나게 강한 것으로 착각하고 있는데 프랑스와 대비했을 때 기갑 전력은 4대 3의 수준으로 수적인 열세를 보였다. 더구나 개전 당시의 독일 탱크는 질적으로도 형편없었다. 프랑스가 보유한 탱크와 탱크전을 벌였을 때 독일 탱크는 한 대도 살아남을 수 없는 수준이었다. 그런데 어떻게 2개월 만에 프랑스를 항복시켰을까?

차이점은 개별 탱크 간의 소통구조였다. 독일은 깡통 수준의 1호 탱크부터 전차 내에 무전기를 기본적으로 장착했다. 독일군은 탱크끼리 실시간으로 소통할 수 있었고 지휘관과의 소통도 자유로웠다. 반면 영국과 프랑스 탱크들은 무전기를 장착한 경우가 드물었다. 그야말로 까막눈인 상태에서 각각의 탱크가 눈치껏 알아서 적을 상대해야 했다.

프랑스군은 탱크를 움직이는 대포 이상으로 보지 않았다. 하지만 독일군은 탱크의 기동성을 강화하고 무전기를 이용해서 조직적인 지휘와 행동을 완성했다. 저 빈약한 전차들을 새로운 시대에 맞추어 현대판 기병대로 만든 것이다. 독일은 빈약하기 그지없는 개별 탱크이지만 전체가 똘똘 뭉쳐 하나처럼 움직인 것이다. 지금으로서는 당연한 이야기지만 당시로는 엄청난 발상의 전환이었다. 그것이 승리를 만든 것이다. 독일군 지휘부의 기존 틀을 바꾸어보려는 적극적이

아르덴 삼림지대를 돌파해 프랑스로 진격하는 독일의 1, 2호 전차

고 창의적인 사고와 프랑스군 지휘부의 안일하고 틀에 박힌 전술적 사고가 결국 제2차 세계대전 초기의 승패를 좌우한 것이다.

미국의 역사학자 폴 케네디 교수는 저서 『강대국의 흥망』에서 "(제2차 세계대전 당시 연합군의 압도적인 인적·물적 자원 앞에서) 독일군이 그토록 오랫동안 잘 싸운 것은 정말로 경이로운 일이다."라고 말했다.

1941년 12월 미국이 참전하기로 하자 영국 총리 처칠은 "히틀러는 끝났다. 이제 남은 일은 압도적인 힘으로 밀어붙이는 것뿐이다."라고 했다. 그런데 전쟁은 1945년 5월까지 무려 42개월이나 간다. 어떻게 했길래 그럴까?

이스라엘의 마틴 반 크레벨트 교수는 『전투력』이라는 저서에서 이 문제를 깊이 다뤘다. 그는 방대한 전사를 검토한 후에 독일군의 전투효율은 미군보다 52퍼센트나 높았다고 결론지었다. 그가 주장한 독일군의 비결은 '임무 중심적인 지휘 시스템Mission Oriented Commend System'이라는 특유의 통솔 시스템이었다. 명령을 내릴 때 임무를 주고 자세한 지시는 하지 않는 것이다. 알아서 하라는 것이다. 그 대신 철저한 소통망을 통해 진행사항을 교신하며 작전을 실시간으로 수정해 나가는 것이다.

반면 미국은 프로세스 중심적Process Oriented이었다. 지휘관이 철저한 분석을 통해서 달성해야 할 임무뿐만 아니라 실행을 위한 상세한 지침도 지시한다. 롯데리아가 아르바이트생의 손놀림 하나까지 매뉴얼화하고 세세하게 통제해 위생을 지키듯이 미군 장군은 부하들의 행동방식까지 꼼꼼히 규제한다. 그렇게 작전이 시작되면 별도의 소통과정 없이 계획대로 진행한다.

미군이 독일군보다 몇 배의 전력이었음에도 전쟁 초기에 수많은 희생자를 낳은 것이 그런 이유 때문이다. 반면 독일은 왼쪽으로는 미국과 영국과 전쟁하고 오른쪽으로는 소련군과 전쟁하면서도 엄청나게 오랜 시간을 버티어냈다. 그게 가능했던 건 소통의 힘이었다.

성균관대의 유필화 교수는 테일러식 과학적 관리기법이 미군의 작전 스타일에도 영향을 미쳤다고 평가한다. 유필화 교수는 독일군의 탁월한 시스템은 몰트케Moltke나 클라우제비츠Clausewitz 같은 전설적인 전략가들에 의해서 구축됐으며 오늘날 독일의 강소기업에도 그 흔적이 남아 있다고 말한다. "그들은 회사와 자신의 구분이 없다. 집중적으로 목표를 향해 매진한다. 두려움이 없다. 활력이 넘치고 끈기가 있다. 그리고 다른 사람에게 영감을 준다."라는 공통점이 있다고 한다.

미군은 유능한 장군에게 기대고 독일군은 유능한 장교에게 기대고 일본군은 깡 좋은 하사관에 기댄다는 이야기가 있다. 그래서 미군의 장군, 독일군의 장교, 일본군 하사관으로 이뤄진 군대는 천하무적이 된다. 반대로 최악은 독일군 장군, 일본군 장교, 미군 하사관으로 구성된 군대라고 한다.

여러분의 조직은 어떤가? 상하간 동료간 실시간 소통과 이해를 바탕으로 빠른 속도를 갖춘 모습인가? 아니면 개인은 훌륭하지만 서로 간의 이해가 모자라고 통합이 안 되는 프랑스 군대 같은 조직인가?

그리고 여러분은 어떤가? 개인적인 역량은 탁월하지만 독불장군처럼 혼자 모든 일을 처리하고 있지는 않은가? 아무리 봐도 이해 안 되고 멍청한 상사라서 도저히 하나가 되지 못하는가? 당신이 아무리 똑똑해도 조직 내에서 그건 별로 중요하지 않다. 조직에서 개인의 탁월성은 그렇게 큰 문제가 되지 않는다는 말이다.

조직에서 가장 큰 문제는 소통, 이해, 그리고 속도다. 그대는 세계 평화를 원하는가? 그렇다면 내일 아침에 출근하면서 맛있는 엔젤리너스 커피나 롯데칠성의 칸타타 한 캔을 사 들고 가서 팀장 자리에 놓으면서 다음과 같이 이야기하라.

"팀장님 정말 힘드시죠? 어제 저녁 집에서 가만히 생각해보니 우리 팀장님 참 힘드시겠다 싶어 부하로서 진짜 죄송하다는 마음이 들었습니다."

그러면 아마 팀장이 반드시 그럴 것이다. "아니 왜?" 그러면 이렇게 대답하라. "실력이 없으면 눈치 코치라도 있어야지 그것도 없는 맹한 부하 직원 데리고 가르쳐 가면서 일하시려니 참 힘드시겠다는 생각이 들었습니다."

그러면 아마 팀장이 웃으면서 그럴 것이다. "알기는 아는구나." 또는 "생뚱맞기는……." 그리고 아마도 며칠 후에 "저녁에 소주나 한잔하자."고 부를 것이다. 비록 선의의 캔커피가 아닌 밤중의 '술 고문'으로 돌아왔지만 그렇게 전생의 원수와 화해를 해나가면서 세계 평화를 구축해 가는 것이다. 나중에 당신이 팀장이 된 후에 알게 되겠지만 팀장 노릇도 참 해먹기 어렵다.

만약에 정말 만약에 "캔커피 너나 먹어."라고 반응하는 팀장이라면 당신이 최근에 엄청난 사고를 친 적이 있었을 것이다. 아무리 생각해도 그런 일이 없었는데 그런 식으로 나온다면 그 팀장 며칠 못 갈 것이다. 그런 밴댕이 소갈머리를 가진 상사는 절대로 조직에서 오래가지 못할 거니까 걱정하지 마라. 그렇게 친절하게 설명을 해드렸음에도 그 철천지원수인 상사 때문에 속상한가? 오해와 응어리가 아직도 안 풀리는가? 그래도 걱정하지 마라. 세월이 흐르면 당신도 누군가의 '철천지원수'가 될 날이 반드시 올 것이다.

그리고 어느 날 부하직원들이 칸타타 한 캔을 들고 와서 "팀장님 힘드시죠……"로 말을 시작하면 '아하! 이 친구도 읽었구나. 나도 이제 철천지원수네.'라고 생각하고 일단은 칸타타 캔커피 맛있게 마시고 며칠 있다가 그 친구 데리고 '술 고문'으로 보복하라. 당신이 지금의 팀장에게 당한 것만큼.

그리고 행여라도 부하들의 마음을 사로잡아 존경받는 상사, 배우고 싶은 상사가 되겠다는 개꿈을 꾸지는 마라. 여러분이 해야 할 노력은 그런 것이 아니다. 당신이 은퇴하고 나서 당신의 조직이 점점 더 좋아지고 당신의 부하가 "그분이 참 큰 공이 있었다."라고 이야기하는 대상이 되려고 노력하라.

당신의 직장생활은 부하의 마음을 얻고 천사같이 훌륭한 사람이라는 인정을 받기 위해서 존재하는 것이 아니다. 당신 혼자서는 결코 할 수 없는 일들을 조직의 힘을 빌리고 동료와 협력해서 성취하는 것이다. 그 성취를 통해서 우리 세상을 좀 더 밝고 풍요롭게 만들기 위해서 존재하는 것이다.

기업이라는 조직은 특정 구성원 개개인의 최대 행복만을 위해 만들어진 것이 결코 아니다. 우리 인류 전체의 생존과 번영을 지탱하는 '경쟁'을 기반으로 한 '시스템'의 가장 중요한 주연일 뿐이다. 그런 와중에 다소간의 까칠함과 가슴 아픔이 없으면 좋겠지만 어떻게 지구에서 사는 또 하나의 생명체일 뿐인 우리에게 그런 것이 가당키나 하겠는가.

질문 3

What is salary?
월급은 무엇인가?

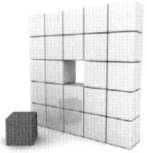

　요즘 대기업 공개채용의 경쟁률은 기본적으로 100대 1이라고 한다. 정말 엄청난 수준이다. 내가 근무하는 롯데그룹도 마찬가지이다. 최근 수년간 경쟁률은 계속 올라갔다. 그나마 롯데그룹은 성장하고 있어서 채용인원이 늘어나고 있는데도 지원자는 더 빠른 속도로 증가하고 있다. 지금 한국의 모든 대학생은 대기업에 들어오고 싶어서 안달이다. 준비도 엄청나게 많이 하는 것 같다.

　그런데 좀 재미있는 사실은 남들이 그렇게 들어오고 싶어 안달하는 대기업에 근무하는 기존 직원들은 회사를 때려치우고 나가고 싶어서 안달이라는 점이다. 밖에 있는 사람은 들어오고 싶어 안달이고 안에 있는 사람은 나가고 싶어서 안달인 곳, 그 이해 안 되는 곳이 바로 회사다. 이런 점은 국내외를 망라해서 어느 회사든 다 마찬가지인 것 같다. 도대체 왜 이런 이해하기 어려운 딜레마가 기업에서 생기는 걸까?

돈을 낸다는 것과 받는다는 것

최근 한국영화의 발전이 눈부시다. 수백만 명 돌파도 쉽게 해내고 1,000만 관객까지 모으고 있다. 1,000만 관객이라니! 도대체 그 많은 사람은 왜 영화를 보러 가는 걸까? 요즘은 가격도 비싸져서 한 편에 8,000원 이상을 내야 한다. 그리고 팝콘이라도 한 통 들고 들어가야 하니 돈은 더 들어간다. 요즘 상영시간은 2시간 내외의 영화가 일반적일 정도로 많이 길어졌다. 그렇다면 관객들은 시간당 최소한 4,000원의 비용을 내고 영화를 보는 것이다. 도대체 무엇을 얻기 위해서 아까운 시간을 내고 자기 돈까지 쓰면서 영화를 보러 갈까?

우리의 주인공 김 대리는 최근 롯데시네마에서 엄청나게 감명 깊은 영화를 봤다. 그 영화를 보는 동안 바깥생각이라고는 전혀 안 났다. 정말 감동 그 자체였다. 2시간 내내 즐겁고 행복한, 그야말로 의미 있는 시간을 보냈다. 김 대리는 그 영화가 준 감동이 너무 좋아서 속편이 나오자마자 인터넷으로 예약했다. 그리고 개봉일을 기다려 기대에 가득한 마음으로 롯데시네마를 향했다. 그런데 맙소사! 이 영화 그 감독이 만든 것 맞아? 기대와는 다르게 영화는 너무도 재미가 없었고 돈이 아깝다는 생각이 저절로 들었다. 더 나아가 이런 영화를 보러 온 자기가 한심하다는 생각도 들었다. 처참했다. 정말 이 영화가 용서되지 않는다.

자, 이제 이런 상황에서 여러분이 김 대리라면 어떤 행동을 하겠는가? 교육생들에게 직접 이런 질문을 하면 대부분은 조용하게 집에 간다고 답한다. 하지만 속마음은 결코 그런 게 아닐 것이다. 현대 사회를 살아가는 양식 있는 네티즌들이 그냥 집에 간다는 건 사회 정의에 절대 맞지 않는 짓이다. 우리가 바라는 명랑사회를 앞당기기 위해서 그냥 꾹 참고 있으면 결코! 안 되는 것이다. 정의롭고 명랑한 사회를 만들어가기 위해서는 사회적 부조리에 적절한 수준의 응징이란 게 필요한 것 아니겠는가?

우선, 1단계로 다음날 출근 즉시 주변에 아는 사람들에게 그 영화 절대 보지 말라고 악평을 한다. 그리고 앞으로도 그 감독이 만든 영화는 절대 안 보려고 할 것이다. 그랬는데도 이상하게 아직 분이 안 풀린다. 그 영화가 용서가 안 되는 그야말로 처참한 수준이었기 때문이다. 그렇다면 이제 어떻게 할 것인가? 아마도 바로 인터넷에 접속해서 '발라버리는 것'이 상식 있는 네티즌의 예의일 것이다. 그리고 악성 댓글이 주렁주렁 포도송이처럼 달리게 된다.

그런데 그렇게 해도 분이 안 풀릴 정도라면 어떻게 할까? 아마 영화를 보고 나오는 길에 의자를 걷어차 버린다든지……. 그렇게 해서도 분이 안 풀릴 정도라면? 아마도 나오는 길에 그 영화를 보려고 기다리는 사람들에게 고함치겠지.

"저 영화 절대 보지 마세요! 큰일 나요!"

그래도 분이 안 풀릴 정도라면 같이 영화를 본 사람들을 선동해 매표소로 쳐들어가겠지. 환불해달라고. 어떻게 저따위를 영화라고 만들어서 파느냐고. 내 눈 다 버려놨고 내가 치명적인 심리적 내상을 입었으니 치료에 필요한 위자료까지 달라고…….

사실 그렇지 않은가? 소중한 내 시간을 할애하고 거기다가 시간당 4,000원 이상의 피 같은 돈을 들여서 영화를 보러 갔는데 기대의 절반은 충족시켜줘야 하는 것 아닌가? 그런 돈을 받았으면 최소한 영화를 보는 동안에는 바깥 생각은 나지 않도록 해줘야 하는 게 기본이 아닌가 말이다. 도저히 그럴 자신이 없으면 영화를 아예 만들지 말든지. 그런 게 정상적이고 정의롭고 온당한 것 아니겠는가 말이다. 어떤가? 여러분도 내 이야기에 동의하는가?

한편 우리의 김 대리. 이 친구는 밤잠을 설치고 있다. 내일 회사에 출근할 걸 생각하니까 가슴이 설레어 잠이 안 오는 것이다. 초등학교 시절 소풍 가기 전날 밤 같은 느낌이다. 다음날 아침 새벽같이 눈을 떴다. 씻는 둥 마는 둥하고 옷을 챙겨 입고 뛰쳐나갔다. 어떡하든 회사에 일찍 출근하고 싶은 것이다. 지하철을 타고 나서 김 대리는 연방 성질을 부린다.

"지하철은 왜 이렇게 빨리 안 가는 거야!"

회사 앞 지하철역에 내리자마자 사무실까지 마구 뛰어간다. 그리고 자기 자리에 슬라이딩. 그때부터 무지 보람차고 즐겁게 일에 빠져든다. 일이 너무 재미있고 즐겁고 행복해서 도무지 시간 가는 줄 모르겠다. 한마디로 좋아서 죽을 것 같다. 도무지 바깥 생각이라곤 나지 않는다. 시간은 쏜살같이 흘러 점심시간이 됐다. 뒤에 앉아 있던 과장님께서 조용히 운을 떼신다.

"어이, 김 대리! 벌써 점심시간이 다 됐네. 같이 점심이나 하러 가지."

그러자 우리의 김 대리는 놀라서 눈을 동그랗게 뜨고 정말 어이없다는 투로 이야기한다.

"아니, 과장님! 과장님은 이렇게 보람차고 즐겁고 행복한 직장에서 밥 생각이 나십니까? 거~ 참 신기한 일이네요."

머쓱해진 과장님께서 미안하다는 표정으로 "김 대리 미안해. 여기가 보람차고 즐겁고 행복한 직장인 건 나도 인정하지만 그래도 밥때가 되면 밥을 챙겨 먹어야 오후에도 더 보람차고 즐겁게 일할 수 있는 게 아닌가?"

우리의 김 대리는 한심하다는 표정으로 쳐다보며 말한다.

"밥 좋아하시는 과장님이나 많이 드시고요. 저는 그냥 일하겠습니다. 식욕도 별로 없네요. 뭐 돌아오시는 길에 롯데리아에서 햄버거나 하나 사다 주시든지요."

그날 점심을 롯데리아 햄버거로 때운 우리의 김 대리는 오후에도 정말 보람차고 즐겁고 행복하게 일에 몰두한다. 도무지 시간 가는 줄 모르겠다. 그렇게 시간이 흘러서 저녁이 되고 한밤이 됐다. 밤 11시가 되자 이번에는 부장님께서 한 말씀 한다.

"어이 김 대리, 아무리 회사가 좋아도 그렇지. 지금 시각이 도대체 몇시인가? 회사 전기 그만 낭비하고 집에 좀 가지!"

그 이야기를 들은 우리의 김 대리가 정색한다. 도끼눈을 뜨고 부장님을 쳐다보면서 말한다.

"아니 부장님! 정말 섭섭합니다. 이렇게 보람차고 즐겁고 행복한 직장에서 일찍 가라뇨. 그리고 지금 시각이 몇시입니까? 이 시간에 집에 가면 뭐 합니까? 어차피 내일 아침에 출근할 건데요. 그냥 쭉 있는 게 낫지요."

우리의 김 대리는 세상에 대해서 무지하게 불만이 많다. 아니 도대체 어떤 인간이 일요일이라는 이상한 제도를 만들어서 일요일에는 보람찬 회사에 못 나오게 하는 거야. 그리고 도대체 어떤 인간들이 주 5일제 같은 이상한 제도를 만들어서 안 그래도 적은데 하루를 더 줄여놓은 거야……

만약에 정말 만약에 지구 상에 이런 직장이 있다면 어떤 일이 벌어질 것 같은가? 그 직장에 지원자가 미어터질 것 같은가? 내 생각에는 그런 회사가 세상에 있다면……. 그 회사 사장님께서 아침마다 회사 현관에 책상 가져다 놓고 입장료 받을 것 같다. 시간당 4,000원씩. 그런데 여러분은 입장료 받는 회사가 있다는 이야기 들어본 적이 있는가? 당연히 없을 것이다! 거꾸로 대부분의 회사에서는 시간당으로 따지면 4,000원보다 몇 배나 많은 돈을 우리의 김 대리들에게 지급하고 있다.

그럼 질문 하나 해보겠다. 이제 시간당 4,000원보다 몇 배나 많은 돈을 받으면서 회사에 출근하는 김 대리는 어떻게 해야 할까? 돈을 준 사장님이 바깥 생각이 나지 않도록, 또 돈이 아깝지 않다는 생각이 들게 해줘야 하는 것 아닌가? 그럴 자신이 없으면 회사에 출근할 생각을 하지 말아야 하는 것 아닌가? 준비도 안 된 상태에서 남들다 간다고 나도 회사에 입사해야겠다고 결심하는 건 곤란한 것 아니냔 말이다.

그리고 만약 김 대리가 그 돈을 준 사장을 만족시키지 못하면 어떻게 해야 하나? 사장님이 주변에 김 대리 채용하지 말라고 이야기라도 하면서 돌아다녀야 하나? 그도 아니면 인터넷에 김 대리 욕하는 이야기라도 발라야 하나? 그리고 그 밑에 상무님, 부장님, 과장님이 악성 댓글을 주렁주렁 달아야 하나?

그도 아니면 김 대리가 앉아 있는 의자라도 걷어차야 하나? 사장님이 피켓이라도 만들어 들고 김 대리 앞에서 상무랑 부장이랑 같이 서서 월급 물어내라고 시위라도 해야 하나? 설령 그렇지는 않다고 해도 월급을 받으러 회사에 나왔으면 최소한 돈 준 사람을 실망시키지 않겠다는 의지를 갖추고 노력을 해야 하지 않는가? 그럴 자신이 없으면 돈을 받을 생각으로 입사하지 않는 게 정상적이고 정의롭고 온당한 것 아니겠는가 말이다. 관객을 만족시킬 자신이 없는 감독은 영화를 만들 생각을 하지 말아야 하고 월급 주는 사람을 만족하게 할 자신이 없으면 오늘부터 회사에 출근하지 말아야 하는 건 정확히 같은 논리이다.

극장과 직장은 확실히 다르다. '그곳에 돈을 내고 가는가 아니면 돈을 받고 다니는 건가'의 차원에서 정확히 반대편에 서 있다. 그런데 보통사람들은 그 구분이 헷갈리는 모양이다. 왜 그럴까? 아마도 다음과 같은 이유 때문일 것이다.

직장은 학교가 아니다

우리는 태어난 후 직장에 들어올 때까지 계속 학교에 다녔다. 돈을 내면서 말이다. 아마 대부분의 사람은 고3 시절이 인생에서 가장 중요하다고 생각할 것이다. 젊은 친구들은 0교시에 '자율이라고는 전혀 없는 완전 타율의 야간자율학습'을 버티면서 그런 생각을 했을 것이다. 고3 시절이 내 인생에서 가장 중요한 패러다임 전환기라고, 그래서 꾹 참고 버티자고. 그러면 내 인생의 중대한 전환이 될 거라고.

그런데 어땠는가? 정말 인생의 중대한 전환이 있었던가? 그런 개고생을 하고 대학에 들어갔더니 거기도 여전히 돈 내고 다니는 생활의 연속 아니던가? 그것도 세계에서 가장 비싼 등록금을 내고 말이다. 그렇게 돈을 내고 다니는 세월만 보낸 후 드디어 직장에 들어온다. 평생 돈을 내고 다니는 생활을 해왔기 때문에 직장에 들어가서도 그런 생활이 당연히 이어질 것으로 기대했겠지. 중학생에서 고등학생으로 고등학생에서 대학생으로 전환되듯이 대학생에서 직장인으로 전환된다고 생각했겠지. 살아오면서 경험한 그게 전부이니까.

사실 내가 생각하기에는 인생에서 가장 중요한 전환기는 고3 시절이 아니라 대학에서 직장으로 전환되는 시기이다. 평생 돈을 내고 다니는 생활을 하다가 돈 받고 다니는 생활로 전환하는 것이다. 상당한 전환 충격이 있을 수밖에 없다. 돈을 낸다는 것은 내가 권리를 주장할 수 있다는 의미이고 돈을 받는다는 것은 내가 책임을 져야 한다는 의미이다. 갑과 을이라는 것이 완전히 바뀌는 것이다. 그런데 우리의 신입사원들은 돈 받고 일하는 '을'이라는 것을 평생 한 번도 경험해본 적이 없으니 이해를 할 수 있겠느냐는 말이다. 그래서 최근 채용담당자들은 입사하기 전 인턴 경험이라도 한 사람을 더 높게 평가한다. 그래도 걔들은 조금은 더 아니까.

'돈을 내는가 아니면 돈을 받는가'의 관점에서 본다면 대학생활은 직장에 가까울까? 극장에 가까울까? 당연히 극장에 가깝다. 평생 그렇게 돈을 내면서 살아오던 청년이 처음으로 돈을 받는 직장이라는 데 들어오면 적응이 안 되고 힘들 수밖에 없다. 그렇지 않으면 정말 이상한 것이다.

처음부터 직장이란 게 그럴 수밖에 없다는 걸 알고 들어온 친구도 익숙하지 않고 힘들 수밖에 없을 텐데 아무 생각 없이 남들이 가니까 나도 간다는 생각으로 들어온 친구들의 생활은 더욱 고통스러울 수밖에 없을 것이다. 그러니 자꾸만 나가고 싶은 것이다. 미치도록 나가고 싶은 것이다.

그리고 원천적으로 대학교와 기업은 다른 점이 너무 많다. 신입사원들이나 어린 실무자들이 기업조직에 적응이 안 되는 이유를 몇 가지만 이야기해볼까? 대학에서는 일단 내가 이번 학기에 들을 과목을 선택할 수 있다. 그러나 기업에 들어와서는 내가 올해 일할 부서를 선택할 수 없다. 올해는 재무팀이 재미있을 것 같은데 한 1년 여기서 근무하고 내년에는 교육팀의 박 팀장이 일 빡 세게 안 시키고 숙제도 많이 안 주고 더구나 학점(인사고과)도 잘 준다는데 저기 가서 해야겠다. 뭐 이런 건 절대 안 된다는 것이다. 회사에서는 생판

질문 3 월급은 무엇인가? What is salary? 85

모르는 남이 내가 어디서 일할 것인지를 정해준다.

또 대학에서는 내가 어떤 교수를 선택해서 수업을 들을지를 결정하는 재량이 일정 수준 있다. 그러나 직장에서는 "야, 김 과장 말이야. 그 인간 완전히 찐따야. 그러니까 내년에는 그 사람 밑에 가지 마!"라는 선배의 이야기를 듣고 그 밑에 안 들어가고 온화한 박 과장 밑으로 갈 수는 없다. 그냥 발령 나는 대로 가야 한다.

대학에서는 어떤 과목을 듣다가 수틀리면 포기하고 F 처리하고 다음 학기에 다른 교수에게 재수강을 할 수도 있다. 그러나 기업에서는 "김 과장 그렇게 안 봤는데 정말 재수 없어. 좋아! 올해는 인사고과 F 주세요. 내년에 다시 시작할게요."란 게 원천적으로 불가능하다. 그렇게 했다가는 한 달을 못 넘기고 잘린다.

그 외에도 대학에서는 학기가 끝날 때마다 수강 과목의 성적을 정확하게 피드백해준다. 그러나 기업에서는 매년의 평가에 대해서 매우 모호하게 피드백해주거나 안 해준다. 내가 잘하는 건지 아니면 못하는 건지 잘 알 수가 없다.

자기 '일'에 목숨을 건 승부 한번 해보자

요즘 경제적으로 풍족해지니까 아마추어 야구 동호회가 많이 생겼다. 사회인 리그라고 해서 자기들끼리 리그도 만들어서 게임을 즐긴다. 당연히 자기 돈을 내면서 한다. 야구란 것이 장비가 많이 필요해서 그런지 돈이 많이 들어간다. 그래서 예전에는 그냥 간단하게 공 하나만 있으면 되는 축구를 많이 했는데 경제적으로 풍요로워지니 야구 동호회가 많이 생기는 것 같다. 내 동생도 주말마다 그 동호회 활동에 전념한다. 엄청나게 재미있는 모양이다. 당연히 그렇겠지. 이겨도 그만이고 져도 그만. 즐기기 위해서 하는 거니까.

롯데 자이언츠 선수들도 야구를 한다. 물론 돈을 받고 말이지. 장비나 식사도 회사에서 다 지원해준다. 날마다 신 나는 야구를 관중의 환호 속에서 하니 얼마나 즐거운 인생이겠는가? 그런데 롯데 자이언츠 선수 중에 잘 아는 후배가 있다. 이름만 대면 여러분도 다 아는 스타선수다. 그런데 머리에 원형 탈모증이 생겼다고 한다.

최근 한 달여 타격이 뜻대로 안 돼서 스트레스 때문에 그렇다고 한다. 엄청난 스트레스에 시달린 모양이다. 게임이 끝난 후에도 손바닥이 벗겨지도록 타격연습을 새벽까지 하고 집에 가는 모양이다. 그 친구! 왜 바보처럼 그러나 몰라. 왜 내 동생처럼 야구를 즐기지 못하고 말이야.

바로 이 차이점이다. 내 동생은 자기 돈을 내면서 즐기니까 신 나서 하는 것이고 내 후배는 그것이 생업이니까 목숨 걸고 하는 것이다. 그게 프로와 아마추어의 차이점이다. 여러분은 어떤가? 돈을 받는 프로의 일을 하면서 아마추어의 즐거움을 동시에 누리려 하는가? 되도 그만 안 돼도 그만의 자세로 일하는가? 최소한 자기의 '일'이라면 목숨을 건 승부 한번 해보는 것이 아름다운 것 아닐까?

진정한 프로는 자신의 일을 즐기면서 그 분야에서 최고의 전문가로 자리매김하는 것이다. 길은 두 가지이다. 하나는 자기가 좋아하는 일을 매일 새벽까지 손바닥이 다 벗겨지는 고통을 감내하면서 전문성을 갖추려고 애쓰는 것이다. 두 번째는 내가 지금까지 하면서 나름 전문성이 생긴 일에 대해서 즐거움과 애착을 느끼려고 노력하는 것이다.

범죄행위를 제외하고는 세상의 모든 일에는 존재 이유가 있게 마련이다. 그 이유를 찾으면 즐거움과 애착은 따라오게 마련이다. 그런데 문제는 일이 재미있지도 않고 나에게 그 일에 대한 전문성도 없는 최악의 상황이다. 그 경우 다른 일을 찾아야 할까? 아니면 전문성부터 갖추어야 할까?

일이란 게 그렇다. 직접 해보지 않고는 내 적성을 확인한다든지 그 일이 주는 즐거움의 강도를 알 수 없다. 세상의 모든 일을 전전하면서 애착 가는 일을 찾는 게 쉬울까? 아니면 내가 하는 일에 대해서 회사 내 최고의, 국내 최고의, 세계 최고의 전문성을 갖는 것이 좋을까? 내가 보기에는 후자가 훨씬 정답에 가깝다. 그리고 내가 그 분야 최고의 전문성을 갖추게 되면 자부심이란 게 생기고 즐거움이 곧바로 뒤따라 오게 마련이다.

일이 지겨운 이유는 따로 있다

기업에 근무하는 실무자들이 자꾸만 회사를 나가고 싶어하는 이유가 '돈을 받고 다닌다는 입장의 차이'일 뿐일까? 사실 좀 다른 이유도 있다. 가장 대표적인 이유가 새로운 것에 대한 동경이다. 나는 그걸 파랑새 이론이라고 부른다. 우리가 아직 다른 조직의 쓰라림을 직접 몸으로 체험하지 않았기 때문에 생기는 '남의 밥에 있는 콩이 더 커 보인다.'는 문제 때문이다. 밖으로 보이는 것과 내부에서만 몸으로 느낄 수 있는 통증의 차이이다.

그래서 매일매일 계속되는 지겨운 상사의 잔소리, 출근시간대의 만원 지하철, 반복되는 스트레스와 압박이 지겨워서 새로운 것을 찾아보고 싶어지는 것이다. 세상 그 어딘가에는 파랑새가 있는 것 같다. 그래서 인간은 집 떠나면 생고생인 줄 뻔히 알면서 굳이 여행을 떠난다. 그리고 고생 끝에 "역시 집이 최고야."라는 결론을 얻고 돌아온다. 그렇게 새로운 직장에 가도 금방 마찬가지가 된다. 금방 물리고 그곳이 가지고 있는 속 따가운 단점이 새로운 지겨움으로 다가올 것이다.

사실 직장생활은 지겨운 밥벌이가 아니다. 일이 지겨운 이유는 당신이 맡은 일을 개선하거나 바꾸려 하지 않고 지난 달에 했던 그 방식으로 계속하니까 그런 것이다. 규정된 원칙에 따라 시키는 대로만 하니까 그게 지겨운 것이다. 당신이 조금 더 고민해서 그 원칙을 바꾸려고 해보라. 매일이 새로워질 것이다.

과거 포드가 만든 컨베이어 시스템은 생산직 근로자에게 지겨움과 고통의 과정이었다. 그들에게 개선이라는 것을 전혀 허용하지 않았기 때문이다. 뭘 바꿔보자는 건의 자체를 허용하지 않았다. 그들은 생각하고 지시하는 관리자와 시키는 대로 하는 노동자로 철저하게 양분해서 운영했고 그 결과 노동의 소외가 생겨난 것이다. 그런데 지금은 다르다. 회사는 개선과 변화를 장려하는데 직원 자신이 스스로 생각하는 것을 포기하고 시키는 대로 하는 생산직 노동자로 자신을 규정해 버린다. 그러니 일상이 싫증이 나고 낡고 지루한 것이다. 내 일과 내 직장을 어떻게 보느냐. 또 내가 그것에 어떻게 접근하느냐에 따라 날마다 새롭고 아름다울 수 있는 것이 직장생활이다.

당신이 맡은 일을 개선하려고 노력하라

잠깐 우리가 자주 마시는 코카콜라 병에 관해 이야기해보겠다. 코카콜라는 특이하게 생긴 병을 오랫동안 사용하고 있다. 바로 '컨투어 병'이라고 하는 것이다. 그런데 코카콜라는 처음부터 그런 모양이었을까?

다음의 사진은 코카콜라 병의 진화과정이다. 여러분이 보시기에 코카콜라 병 중에서 어느 것이 가장 괜찮아 보이는가? 코카콜라가 처음부터 우리에게 익숙한 그 병을 사용한 것은 아니었다. 코카콜라 병의 스타일은 시대에 따라 조금씩 달라져 왔다. 요즘은 얼마 전보다 다소 허리가 두툼해진 것 같다.

그런데 코카콜라는 왜 민짜 병에서 옆구리가 쏙 들어간 디자인으로 전환했을까? 병의 제작 비용이 더 들어갈 텐데……. 쏙 들어간 부분만큼 용량을 좀 줄여보려는 꼼수? 아니다. 사실은 여성의 허리선이 주는 아름다움을 베낀 것이다. 사람들은 허리가 날씬한 여자를 매력적이라고 느낀다. 물론 기형적으로 허리가 가는 사람은 징그럽

코카콜라 병의 진화

다는 생각이 드니 적당한 선에서 멈추어야 한다. 그런데 왜 사람들은 허리가 날씬한 여자를 매력적이라고 생각할까?

생물학자들에 따르면 여성의 날씬한 허리가 나이, 건강, 그리고 궁극적으로 번식력을 암시해주기 때문에 매력을 느낀다고 주장한다. 사실 우리는 체감적으로 허리 대 엉덩이 비율이 낮은 여성을 선호한다. 텍사스 대학의 심리학 교수 디벤드라 싱Devendra Singh은 18세에서 85세에 이르는 195명의 남성에게 다양한 여성의 몸매를 보여준 후 가장 매력적인 몸매부터 가장 덜 매력적인 몸매까지 순위를 매겨달라고 요청했다.

남성들은 뚱뚱하거나 마른 여성에 비해 평균적인 몸무게의 여성을 선호한다고 답을 했고 허리 대 엉덩이의 비율이 낮은 여성을 가장 매력적이라고 평가했다. 남성들은 0.7의 비율을 가장 매력적이라고 대답했다. 학자들이 조사한 바로는 20대 건강한 여성의 허리와 엉덩이의 비율은 0.67에서 0.8 사이에 있다. 30년 넘게 『플레이보이』의 표지를 장식했던 여성들의 허리둘레는 대부분 이 범주 안에 들어간다.

정리하자면 여성의 가느다란 허리가 아름답게 느껴지는 이유는 그 허리가 '나는 임신하지 않았어요. 그래서 임신할 수 있어요.'라는 암묵적인 메시지를 주기 때문이다. 남자들이 임신 가능성이 높은 여성에게 끌리도록 본능에 새겨져 있는 것이다. 그래야 인류가 더 많이 번식할 가능성이 높아지는 것 아니겠는가. 이게 바로 아름답게 느끼는 감각 뒤에 숨어 있는 실용성을 보여주는 대표적인 사례이다. 하나님은 인간의 생존을 위해 실용적인 것을 아름답게 느끼도록 프로그래밍해두신 것 같다.

코카콜라는 사람들이 아름다움을 느끼는 감각의 비밀을 알아채고 여성 허리의 아름다운 선을 빌려 병을 디자인했다. 그리고 좀 더 느낌을 강하게 주기 위해서 한 수 더 나간다. 여성의 스커트 치마처럼 병 하단부에 스커트 문양도 넣었다. 병 자체를 건강하고 아름다운 여성의 모양으로 만든 것이다. 한 마디로 코카콜라의 디자인은 영특하다. 우리가 아름답고 끌린다고 생각하는 이면에서는 이런 실용성이 왕왕 숨어 있다.

그런데 이 병 디자인은 또 어떤가? 같은 코카콜라 병인데 색다른 문양이 들어가 있다. 모양은 같은데 디자인이 다르다. 그래서 좀 더 끌린다. 이게 바로 아름다움의 두 번째 동인인 새로움이다. 사람은 실용적인 것 이외에 새로운 것에도 상당히 끌린다. 기본적으로 인간

은 낯선 것, 색다른 것을 추구하는 경향이 있다. 그래서 코카콜라 역시 계속 새롭게 진화를 거듭해온 것이다.

자동차 회사는 매년 새로운 디자인을 만들어내서 과거의 것을 '의도적으로 낡게' 만든다. 그리고 패션도 그렇다. 사람들은 다들 남들이 다 입는 '국민복'은 피하지 않는가? 패셔니스트들은 남들과 좀 더 다르게 새롭게 보이기 위해서 늘 애를 쓴다. 그런데 가만 보면 그 패션의 트렌드라는 것이 돌고 도는 것 같다. 남성들의 넥타이도 좁아졌다가 넓어지기를 반복하고 무늬도 꽃무늬에서 줄무늬로 다시 땡땡이로 계속 반복한다.

여성들의 치마도 길어졌다 짧아졌다를 반복한다. 이런 추세는 어떤 디자인이 절대적으로 아름답다는 기존의 생각에 반하는 것이다. 한때 이건 좀 아니다, 이건 좀 싫증이 난다는 평가를 받았던 디자인이 시간이 흐르고 사람의 기억에서 희미해지면 그게 또 새로운 느낌으로 다가오는 것이다. 그 덕분에 패션회사는 돈을 번다. 그래서 말인데 어쩌면 일이 지겨운 이유는 당신이 맡은 일을 개선하거나 바꾸려 하지 않기 때문일 수 있다.

일을 통해 삶의 의미를 찾아라

요즘 젊은 사람들은 드라마를 통해 세상을 본다. 그러다 보니 현실을 직시하는 데 어려움이 많다. 드라마를 보면서 얻은 직장의 일상은 입사 후 최소한 6개월 이내에 승부를 내야 한다. 그런데 아직도 복사도 제대로 못 하고 단순한 일을 반복하는 자신의 처지에 한숨을 쉴 수밖에 없는 것 아니겠는가?

드라마에서는 정말 아무것도 아닌 대리나 과장의 잔소리에 시달리는 자신의 처지가 정말 이해되지 않는다. 최소한 회사에 들어오면 뭔가 의미 있고 보람찬 일을 해야 하는데 왜 해야 하는지 도무지 이해할 수도 없는 단순한 일을 반복하고 있다. 내가 여기서 왜 이러고 있는지 한숨만 계속 나온다.

"이건 정말 아니잖아. 내가 아무래도 지뢰를 밟았나 봐. 회사를 잘못 선택한 거야. 이 회사에 분명히 문제가 있을 거야. 내가 왜 이런 회사에 들어왔을까?" 내지는 "허구하게 많은 팀장 중에 왜 하필이면 저 인간이야."

그리고 파랑새를 찾아서 과감하게 떠난다. 그리고 우리나라 30대 남자들의 후회 리스트 3위에 당당하게 자리매김해 있는 "그 회사 그냥 다닐걸"이라는 결론으로 연결된다. 어디인들 돈 받고 다니지 않는 직장이 또 있겠는가? 그게 정말 싫으면 돈 내고 다니는 짓만 계속하면서 살든지.

지금 다니던 직장을 그만두고 싶어하는 젊은 친구들이 생각하는 대안은 대충 그렇다. 대학원을 가겠다. 유학을 가겠다. 그것도 아니면 내 사업을 하겠다. 이 세 가지 대안에 필요한 공통점이 무엇이겠는가? 바로 '돈'이다. 다 돈이 들어가는 대안이라는 말이다.

돈을 받는 이유만으로 책임에 매여 사는 생활은 정말 싫다. 그리고 남의 지시에 따라야 하고 정말 아무것도 아닌 직무 때문에 잔소리를 들어야 하는 일상이 싫다는 속내다. 돈을 받고 다니면서도 권리를 주장하고 싶은 것이다. 참 이기적이기도 하다. 이렇게 이야기하면 기업이라는 것이 마치 돈을 받아서 밥 먹고 살기 위한 호구지책쯤으로 생각될 수도 있다. 뭐 전혀 그렇지 않다고 할 수는 없다. 하지만 생각해보자.

사실 '밥!'만큼 소중한 것이 어디 있겠는가? 내가 땀 흘리고 애쓰고 고민해서 우리 가족이 행복하게 먹고산다는 것만큼 중요한 것이 또 어디 있겠는가? 한때는 내 눈에는 세상에서 가장 힘센 슈퍼맨이었는데 이제는 초라한 모습으로 늙어버리신 아버지가 날마다 땀과 노력을 쏟아서 벌어온 그 '밥'의 힘으로 당신이 여기까지 온 것 아닌가? 그러니 세상에 '밥'보다 소중한 것이 또 어디 있겠느냐는 말이다.

하지만 밥의 소중함에서 끝이 아니다. 직장이라는 것이 먹고살기 위해서 또는 생활의 질을 향상하기 위해서 다니는 것이 사실이기는 하다. 그러나 꼭 생각해야 할 다른 하나는 자신의 존재 가치를 확인할 수 있다는 점이다. 사람은 일을 통해 삶의 의미를 찾고 보람을 느낄 수 있다. 존재가치나 의미 없이 단순히 먹고 살기 위해서 직장에 나와서 일을 한다면 세렝게티의 누 떼나 사자 떼와 당신이 다른 게 뭐가 있겠는가?

당신을 포함한 모든 인류가 그런 상황이라면 도저히 불가능한 수준인 70억 인구가 어떻게 번영을 누리며 지구에서 살아가겠는가? 기업이라는 것, 그리고 그 기업에 소속한 여러분이 땀 흘려 일하는 것은 월급 받아서 먹고사는 것 이상의 소중한 의미가 있다. 우리 기업이 70억 인구의 안온한 삶의 든든한 버팀목을 나누어지고 있는 것이다. 이 땅 위의 70억 인구를 지탱해야 하는 거대한 미션을 애덤 스미스가 이야기한 '분업'의 원리를 이용해서 나누는 것이다. 만약 세상의 모든 직장인이 "이제 지쳤어. 나 그만둘래." 하면서 집단 사직이라도 하면 어떤 일이 벌어질까? 그때부터 이 지구는 모든 것이 멈추게 된다.

이 광대한 우주 속 지구에서 산다는 건……

생각해보자. 힘들고 어려울 때 '어깨가 무거운가? 그리고 온몸이 무거운가?' 온몸이 무거운 것은 중력이 있기 때문에 생기는 현상이다. 그런데 어깨가 무겁고 온몸이 무거운 것이 싫다고 "중력 너! 없어져."라고 명령해서 만약 없어져 버리면 우리는 지구에 발을 붙이고 살 수가 없다. 우리는 허공으로 휙 날아가 버리게 된다. 마찬가지이다.

직장생활은 힘들다. 그래서 돈을 내지 않고 받으면서 다니는 것이다. 그리고 그런 수많은 직장인의 땀과 한숨이 우리 인류의 삶을 지탱하는 것이고 500만 명이 정원인 이 지구에 내 가족과 아이를 포함한 70억의 인류가 풍요를 누리고 살 수 있도록 토대를 받치고 있는 것이다.

우리 아버지가 말썽만 부리는 나를 건사하기 위해서 평생 흘린 땀이 존경받아 마땅하듯이 여러분이 흘리는 땀과 여러분을 괴롭히는 그 스트레스도 세상을 떠받치는 것이기에 존경받을 수 있다. 그런 것을 인내하고 참아내는 당신의 노력이 이 광대한 우주 속에서 사는 인류의 삶을 떠받치는 것이다. 중력이 있어야 우리가 지구에서 살 수 있듯이 땀과 스트레스가 있어야 우리의 삶이 가능한 것이다.

"오늘도 회사를 때려치우고 싶은 여러분! 정말 수고 많습니다. 지구에서 살아가는 모든 현생 인류를 대표해서 여러분의 노고에 깊은 감사의 말씀을 드립니다! 그리고 아울러 오늘도 꾹 참으면서 열심히 해보려고 노력하는 나 자신도! 참 고맙습니다."

질문 4

Who gets promoted?
누가 승진하는가?

클렌 그리드Klein Grid 분석에 의하면 요즘 신입사원들이 직장을 선택할 때 고려하는 중요한 기준이 세 가지라고 한다. 첫 번째는 그 회사가 얼마나 성장성이 좋은가이고 두 번째는 얼마나 주는가이고 세 번째는 어떤 근무환경인가이다. 세 번째 항목인 근무환경에 관해서 이야기를 좀 해야겠다.

많은 직장인이 부러워하는 것이 좋은 근무환경이다. 하루 대부분을 직장에서 보내는 처지에는 그 환경이 좋다면야 얼마나 행복할까? 대기업의 채용담당자들에게 통용되는 '양재 라인' '수원 라인'이라는 말이 있다. 마케팅이나 경영관리 쪽 경력사원들은 이직 조건이 좋아도 양재보다 남쪽에 있는 곳으로는 안 가려 하고 연구 개발하는 사람들은 수원 밑으로는 안 가려 한다는 세태를 꼬집어서 하는 말이다. 아무래도 여건이 좋은 서울에서 살고 싶어하는 사람들의 심리가 반영된 것인데 지원자로서는 그만큼 사무실의 위치도 중요하게 고려된다는 말이다.

근무환경이 좋아서 성과를 내는 걸까, 성과가 나서 근무환경이 좋아진 걸까?

근무환경이 좋은 회사의 중심에 구글 같은 회사가 있다. 물론 요즘은 3대가 공덕을 쌓아야 구글에 입사할 수 있다고 한다. 그런데 근무환경에 대해서 어찌나 자랑질을 하는지 짜증이 난다. 구글은 좋은 근무환경이 창의성 발휘의 중요한 기반이 된다고 주장한다. 그리고 구글 같은 시스템을 만들면 창의성과 몰입도가 높아진다고 주장하는 사람도 많다. 그런데 그게 과연 그럴까?

사실 근무환경이 좋으니까 창의성이 발휘되고 그래서 성과가 좋은 것인지, 아니면 회사 성과가 좋으니까 직원들의 근무환경을 좋게 해줄 경제적인 여력이 되는지는 아무도 모른다. 사람들은 전자이기를 내심 바라겠지만 내가 보기에는 오히려 후자가 더 맞는 것 같다. 그리고 직원들의 근무환경에 많은 투자를 했는데 회사 실적이 좋지 않으면 언론으로부터 이런 포탄을 한 방 맞게 된다.

'방만한 경영 끝에 회사 실적이 엉망이 됐다.'

구글은 직원들에게 점심을 공짜로 준다. 그리고 그 사실을 엄청나게 자랑질을 한다. "우리는 직원들에게 이 정도로 잘해준다." 그 공짜점심이라는 게 구글이라는 회사가 직원들에게 얼마나 잘해주는가를 상징적으로 보여준다고 생각하는 모양이다. 원래 실리콘 밸리에 있는 회사 중에 점심을 공짜로 주는 회사는 거의 없다. 애플 같은 경우에도 입사 이후에 공짜점심은 딱 한 번 주는데 그게 바로 출근한 첫날이다.

얼마 전 구글에서 임원으로 근무하다가 야후의 CEO로 이동한 마리아 메이어도 취임 2주 만에 "앞으로 야후도 직원들에게 점심을 공짜로 주겠다."는 선언을 했다. 당연히 야후 직원들은 환호했다. 인종을 불문하고 공짜라면 다 좋아하는 모양이다. 그리고 미국에서 공짜점심이라는 것이 직원들의 몰입을 불러오는 데 효과가 있기는 한 가보다.

그런데 나는 입사 이후 20년째 계속 회사가 주는 점심을 공짜로 먹고 있다! 오늘도 공짜로 점심 먹었다. 그런데 왜 창의성과 자부심이 펑펑 샘 솟지 않는 거지?! 나뿐만 아니라 다른 그룹에 다니는 친구들도 다들 회사가 주는 공짜점심을 먹고 있다. 우리나라는 엄청나게 오래전부터 공짜점심을 다 줬다. 그런데 왜 우리는 창의성이 펑펑 샘 솟지 않을까? 왜 회사에 대한 사랑이 넘치지 않는 거지?

구내식당을 운영하기 어려운 회사는 나름의 식대 보조비라도 지급하는 게 한국의 관행이다. 사실 이웃나라인 일본도 공짜점심을 주는 회사가 별로 없다. 직원들에게 잘해주는 기업에서는 사옥 내 구내식당을 설치해두고 상대적으로 싼 가격으로 음식을 제공하기는 한다. 그들은 그런 유료 구내식당이 있다는 것만으로도 자랑질을 한다.

미국 기업에서도 마찬가지이다. 월급을 줬으면 됐지 회사가 왜 당신의 점심을 책임져야 하느냐고 생각한다. 점심은 당신들이 알아서 해결하라는 것이다. 그리고 그 회사들에서 회사 법인카드를 사용해서 비즈니스와 관계없이 직원들이 밥 먹는 거, 그거 중대한 위반이다. 한국처럼 팀장이 법인카드를 사용해서 정기적으로 직원들을 데리고 소주에 삼겹살을 한 판 때려먹고 으싸으싸……. 그런 거 네 돈 내고 하라는 게 그들의 논리이다.

그들의 회식! 직급 고하와 관계없이 항상 더치페이다. 그러니 회식 같은 거 잘 안 한다. 누가 내 돈 내고 가서 안 그래도 꼴 보기 싫은 상사가 무게 잡고 일장 훈시하는 분위기에서 밥 고문을 당하고 싶겠는가. 일 끝나면 각자 집으로 바로 가는 것이 그 사람들의 문화다. 상황이 그러하다면 오늘도 공짜점심 먹은 당신, 이제 환호하면서 창의성 좀 발휘해보시지! 그리고 말이 나온 김에 좀 더 이야기해보자.

한국의 노동법은 회사에서 1년을 근무하게 되면 통상임금 1개월 분을 퇴직금으로 지급하도록 규정하고 있다. 안 주면 법에 딱 걸리고 고용주는 중대한 처벌을 받는다. 이 대목에서 질문 하나! 전 세계 280개 국가 중에 법에 퇴직금을 주라고 규정해둔 국가가 몇 국이나 될까? 한 30개국? 아니면 60개국? 아니다. 전 세계 280개 국가 중에 법률에 정해진 기준에 따라 퇴직금을 주라고 강제로 규정해둔 국가는 오직 한 나라뿐이다.

말 나온 김에 하나 더 해볼까? 우리나라 대기업의 상당수는 임직원들이 자녀가 학교에 들어가면 고등학교와 대학교의 학비를 지급해준다. 그 대학 학비라는 것이 전 세계에서 가장 비싼 수준이라는 건 여러분도 잘 알고 있을 것이다. 그걸 회사에서 주는 것이다. 그러면 다시 한번 질문, 전 세계 280개 국가 중에 임직원의 자녀가 학교에 갔다고 학비를 지원해주는 관행을 가진 국가는 몇 개국이나 될 것 같은가?

한 나라? 빙고! 맞다. 그것도 우리밖에 없다. 이쯤 되면 '우리나라 좋은 나라. 대한민국 대기업 만세'라도 해야 하는 거 아닌가? 그리고 만세를 충분히 불렀으면 이제 슬슬 창의성을 발휘해보실까?

사실 구글 직원들은 워크홀릭이다

사실 구글이 자랑하는 것 중에 가장 대표적인 룰은 점심을 공짜로 주는 것이 아니라 바로 '20퍼센트의 룰!'이다. 일과시간의 20퍼센트를 자기가 하고 싶은 일에 쓸 수 있다는 것이다. 주 5일 근무를 기준으로 하면 '하루'를 내 마음대로 쓰고 싶은 일에 쓸 수 있다는 것이다. 이 룰은 원래 3M에서 운영하던 '15퍼센트 룰'을 모방한 것이다. 3M의 경우 기발한 신제품으로 시장에서 승부를 하는 회사인데 이 15퍼센트 룰을 통해 새로운 신제품을 많이 개발해왔다. 대표적인 것이 여러분이 맨날 쓰는 포스트잇 같은 제품이다.

15퍼센트, 20퍼센트, 어찌됐든 좋기는 하다. 그런데 생각의 방향을 바꾸어서 이런 건 한번 생각해보셨나? 구글 직원들은 여러분이 일하는 시간의 80퍼센트만 주어진 일에 쓰면서도 매출액이나 이익의 기준으로 여러분보다 몇백 배의 성과를 낸다. 그러면 그들보다 20퍼센트나 더 많은 시간을 투여하고도 성과를 내지 못하는 우리는 무엇인가. 진짜 무능한 사람들인가?

구글이라는 회사는 원래 천재들이 몰려드는 기업인데다 내부 경쟁이 워낙 치열하다 보니 근무강도가 장난이 아니다. 잘못하면 직원들이 모조리 쓰러질 판이다. 그러니 제발 좀 쉬어가면서 하라고 음료나 과일을 공짜로 주고 사무실 공간 곳곳에 쉬는 공간을 만들어준다. 그래도 구글 직원들은 근무시간에는 죽으라고 일을 한다. 지금 이 순간에도 그러고 있다. 구글은 상당한 이익을 내고 있을 뿐만 아니라 그 이익이 계속 성장하고 있으니 그런 게 가능하다.

최근 대한민국의 직장인들이 세계에서 가장 긴 시간 동안 일한다고 투덜거린다. 그게 사실이긴 하다. 단순히 근무시간만으로 따지면 멕시코를 제외하고는 OECD 중에는 최장 근무시간을 일하는 것으로 조사됐다. 그것만 보면 우리가 엄청나게 힘든 직장생활을 하는 것처럼 보인다. 그러면 우리가 그 긴 시간 동안 일하면서 직무에는 얼마나 집중하고 몰입하고 있을까?

다음의 표를 보면 우리의 몰입도는 느슨해도 너무 느슨하다. 근무시간이 길기는 하지만 쉬는 듯 일하는 듯한다는 말이다. 그런데 이런 상황에서 근무시간을 줄이자는 말이 나오게 생겼느냐고. 어라 그런데 일본은 뭐래? 근무시간도 짧은데다가 몰입도도 엄청나게 약하네. 쟤들이 저러니까 20년 넘게 제자리 뛰기를 계속하는 것 아닐까?

혹자는 우리가 너무 긴 시간 동안 몰입을 하니까 지쳐서 몰입도가

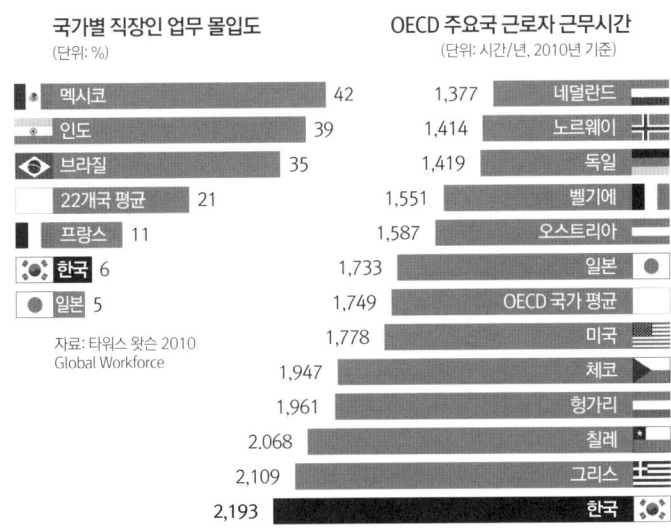

떨어지는 것 아니냐고 하는데 다른 나라의 사례를 보면 그 근무시간과 몰입도라는 두 가지는 하나를 줄이면 하나가 늘어나는 트레이드 오프Trade off의 관계는 아닌 것 같다. 우리보다 근무시간이 매우 짧은 프랑스를 봐라. 그들은 한때 주 35시간 근무제도를 도입했던 국가이다. 그런데 업무 몰입도가 상당히 낮다. 프랑스의 예를 보면 근무시간을 줄인다고 몰입도가 올라가는 건 결코 아닌 것 같다. 그렇다고 프랑스 직장인들의 창의성이 엄청나게 높은 게 아니지 않은가.

이런 데이터를 보면서 우리도 구글처럼 20퍼센트 룰을 도입하면 좋겠다는 생각이 나오는가? 우리노 구글처럼 20퍼센트 룰을 적용하면 그렇게 바라는 창의적인 발상이 샘 솟을 것 같은가? 구글보다 훨씬 먼저 공짜점심을 계속 먹었는데도 그들과 비교해서 전혀 창의적이지 않은 것을 보면 그렇지는 않은 것 같다.

우리는 우선 근무 몰입도부터 올려야 한다. 회사에 출근해서 회사 컴퓨터로 인터넷 서핑이나 하고 근무 중에 사적인 전화나 하고 직원들이랑 복도 끝 커피머신 앞에 모여서 수다나 떨고 틈만 나면 담배 피우러 나가고…….

혹자는 이렇게 주장할 수도 있겠다. 회사에서 어차피 정해진 업무를 수행해야 하니 근무시간을 줄여주면 그 시간에 일을 끝내기 위해서 집중도가 높아져서 업무 몰입도가 올라가지 않겠느냐는…… 정말 잘도 그러겠다.

100+20의 룰

퓨처디자이너스의 송인혁 수석 컬처리스트가 『창조력 주식회사』라는 놀라운 책을 냈다. 한 번 읽고 다시 읽으면서 여러 번 무릎을 쳤다. 이 자리를 빌려 찬사를 보낸다. 내가 저 나이 때는 뭐 했던가 생각하면 얼굴이 바싹 달아오른다. 역시 장강의 뒷물결이 앞 물결을 밀어낸다는 선현들의 말씀이 틀리지 않다는 느낌이 들었다. 특히 그 책에서 말한 내용 중 '100+20'이라는 논리는 정말 마음에 들었다.

송인혁 씨의 논리는 이거다. 회사에서 일하는 시간을 100으로 잡고 그중에 20을 빼주면서 창조적인 일을 해보라고 하지 않는다고 불평만 하지 말자. 회사가 제도를 만들어주지 않았다고 창의적인 욕구를 포기하지 말고 당신의 근무시간 100 외에 개인 시간 20을 추가로 투자해서 창조적인 일을 해보자는 논리이다. 그리고 당신이 회사를 구글처럼 만들어가라는 이야기다.

애플을 보자. 스티브 잡스가 지휘하던 시절 애플은 하드 워킹으로 소문이 나 있었다. 그들은 아예 집에 가지 않았다. 그리고 해적 정신이라는 기치로 세상을 바꿔왔지 않는가? 그러면 그들의 근무환경과 창의성과의 관계는 어떻게 설명할 건가? 내가 보기에는 애플이야말로 송인혁의 논리대로 하는 조직인 것 같다.

신입사원들은 일단 대기업에 합격하면 '이제 됐다. 한고비 넘겼다.'고 생각하는데 그게 아니다. 이제 시작일 따름이다. 원했던 회사에 입사하는 것만 경쟁이 아니다. 그 경쟁은 입사 시점부터 시작해서 최종적으로 CEO 한 자리를 놓고 매시간 계속 벌어지는 장기 레이스다. 승진심사가 1년마다 있다고 경쟁의 세션이 1년 단위로 이뤄진다고 생각하는가? 아니다. 내가 보기에는 게임은 매시간 단위로 이뤄진다. 다만 그 매시간 단위의 세션을 1년간 합산해 성적표를 내고 윗단계로 올라갈 사람을 선정하는 것이다.

어느 조직에서든 실무자보다 팀장 숫자는 적게 마련이고 팀장보다 임원 자리는 더 적게 마련이다. 그렇게 위로 갈수록 점점 적어지는 자리를 놓고 매년 경쟁과 평가와 심사를 통해서 사람들의 숫자가 걸러지게 마련이다. 내가 남들과 똑같은 수준으로 일하면서 그런 치열한 경쟁과 심사과정에서 살아남는다는 여유를 부릴 수 있는 사람은 아버지가 아인슈타인이고 그 머리를 그대로 물려받은 사람이라면 가능할 수도 있다.

어차피 세상이란 게 다 그런 것 같다. 조직 내에서 모두가 다 같은 속도로 갈 수야 없다. 우리가 문명화됐다고 하지만 아무리 세상이 좋아져도 사람들이 가지고 싶어하는 재화는 한계가 있게 마련이다. 그리고 우리가 사는 세상은 아무리 문명화됐다고 하더라도 생존을 위해서 혈투를 벌이는 세렝게티의 연장 선상에 놓여 있을 뿐이다.

어린 시절에 어른들이 꿈이 뭐냐고 물어보면 '대통령'이라고 턱도 없는 이야기를 하는 애들이 많았다. 뭐 대통령 자리를 한 1만 개 만들면 몰라도. 그래도 애들 이야기이니 귀엽기는 하다. 어떻게 하면 대통령이 되는지, 대통령이 무슨 일을 하는지도 모르는 애들이 하는 말이다. 그런데도 부모는 아이가 대통령이 꿈이라는 이야기를 하면 마치 최소한 장관이라도 따놓은 것처럼 좋다고 손뼉을 치고 칭찬을 한다. 그러니 부모에게 잘 보이려는 애들이 그런 말을 계속 하는 것이다.

그리고 그런 부모의 행동이 계속되면 타이틀에 목매는 행동과 남이 나를 어떻게 보는가에 집착하게 된다. 그래서 애들이 성장하면서 실질적인 것보다 직급이나 타이틀과 같이 남에게 보이는 것에 자꾸 목매게 되는 게 아닌지 걱정스럽다. 뭐, 그래도 어린애니까 그런 꿈을 품고 사는 것이니 괜찮다. 나이가 들고 세상을 알아가면서 정상적으로 돌아가게 마련이다. 하지만 철이 들고 어른이 됐는데도 세상 물정 모르고 그때 하던 짓을 계속하고 있으면 매우 곤란하다. 대한민국에서 대통령을 꿈꾸는 정치인들이 엄청나게 많겠지만 어차피 그 자리는 하나이다. 그리고 5년마다 한 번씩 기회가 온다.

마찬가지로 조직이란 게 위로 올라갈수록 자리는 줄어들고 남들보다 더 많이 투자한 사람만이 살아남게 마련이다. 그리고 최종적으로 CEO는 한 자리뿐이다. 신입사원 시절 이왕 이 회사에 입사했으니 CEO 한번 해보겠다고 꿈꾸는 것 누구나 한 번쯤은 한다. 그리고 나는 개인적으로 바람직하다고 생각한다. 그러나 문제는 그 꿈 다음이다. 꿈만 꾸고 남들과 똑같이 하고 남들보다 더 많은 일을 하는 것을 그렇게 싫어하고 불공평하다고 하면서 그 꿈이 내 것이 될 수 있다고 생각하는 것은 지나치게 자기만 생각하는 것 아니겠는가. 노래 한 판이 끝날 때마다 의자 하나가 사라지는 '의자 빼앗기'가 직장 내 게임의 기본 규칙이고 타고난 모든 조건이 같다면 100+20이 가장 경쟁력 있는 방안일 수 있다.

그런데……. 이 '+20'에 대해서 오해하지 말아야 할 것이 있다. 단순히 물리적으로 20퍼센트를 더 투입하라는 건 절대 아니다. 그건 지금 하는 짓을 더 열심히 한다는 명청한 논리일 뿐이다. 그리고 분명히 알아야 할 것은 '지금! 여러분은 지나칠 정도로 충분히! 열심히! 하고 있다.'는 사실이다. 제발 지금보다 20퍼센트를 더 일해서 경쟁력을 가져보겠다는 무식한 생각으로 우리나라 근로자의 근무시간을 더 늘리지 말았으면 좋겠다. 특히 하는 일도 없이 사무실 체류시간만 20퍼센트 더 늘리겠다는 생각은 제발 좀 하지 말았으면 좋겠다.

내가 말하는 20퍼센트의 추가시간은 내가 맡은 일을, 내 직무와 관련된 일을, 우리 회사의 일을 좀 더 창의적으로 할 방법이 없는지

고민하는 데 쓰라는 말이다.

왜 승진하지 못하는가?

취업포털인 인크루트에서 인사담당자 216명을 대상으로 승진과 관련해 설문을 한 적이 있다. 진급에서 계속 누락되는 직장인의 공통점이 무엇인가에 대한 질문이었다. 이 질문에 대한 인사담당자들의 대답은 아래와 같았다.

> 주어진 일만 처리한다 (29.6퍼센트)
> 본인의 성과를 잘 부각하지 못한다 (23.1퍼센트)
> 실무자로는 뛰어나지만 관리자의 역량이 안 된다 (21.8퍼센트)
> 상사와 인간관계가 좋지 않다 (17.6퍼센트)

자기 주도적으로 과제를 찾아내거나 지금보다 더 나은 창의적인 해결책을 내놓지 못하고 그저 시키는 대로 피동적으로 움직이는 사람이 조직 내에서 어떤 결말을 맞는지 이 설문결과가 잘 보여준다.

대부분이 회사에 입사한 후 오랜 시간을 실무자로 보낸다. 그 기간 동안 '어떻게 하면 주어진 과제나 일을 잘 해결할 수 있을까?'라는 고민을 한다. 그리고 나름의 비법을 하나씩 터득한다.

그 실무진들이 늘 고민하는 부분의 축은 결국 '어떻게How'이다. 지시받은 '과제나 이슈'를 어떻게 하면 정해진 시간 안에 시킨 사람이 기대하는 수준으로 해결할 것인가다. 그것이 실무자의 유능함과 무능함을 판단하는 기준이 된다.

물론 일부 창의적인 실무자도 있기는 하다. 하지만 조직 내 대부분 실무자는 조직 내의 경험과 노하우가 부족해서 일반적으로 주어진 과제나 이슈를 열심히 해결하는 데 매진하게 된다. 결국 보통의 실무자는 기본적으로는 시키는 일을 하는 존재들이다. 그 실무자가 시간이 흐르면서 경력과 경험을 쌓게 되고 세상을 보는 눈이 생겨난다. 그리고 팀장이 된다. 부하들을 거느리게 되고 단위조직의 성과창출 책임을 지게 된다. 그리고 부하들이 초롱초롱한 눈으로 그를 쳐다본다.

"팀장님, 우린 무엇을 할까요?"

미안하게도 이건 완전 희망사항이다. 우리의 실무자들은 늘 과도하게 시키는 과제를 어떻게 해결할 것인가에 묻혀 허덕이다 보니 눈빛이 절대 초롱초롱할 수 없다. 그리고 그 눈빛은 '저 인간이 또 무엇을 시키려고 저럴까?'일 것이다.

부하들의 상황이 희망적이든 현실적이든 결국 팀장의 핵심은 '무엇What'을 할 것인가로 귀결된다. 팀에게 그리고 팀장에게 맡긴 기대역할을 완성하기 위해서 어떤 과제나 이슈를 먼저 처결할 것이냐는 문제를 놓고 고민한다.

여기에서 탁월한 팀장과 일반적인 관리자의 갈림길이 생겨난다. 탁월한 팀장은 앞에서 이야기한 대로 우리 팀의 존재 이유에 기반을 두어 무엇을 할 것인가를 발굴해낸다. 그러나 안타깝게도 상당수의 일반적 관리자는 임원들이 시키는 일이나 스케줄 상에 명시된 활동을 시키고 그것이 잘 진행되는지 감독한다.

당신은 상사의 '마음에 쏙 드는' 부하가 되고 싶은가? 그렇다면 상사와 같은 눈으로 세상을 보려고 노력하라. 상사가 하는 고민을 공유하라. 20퍼센트의 시간을 더 투여하되 누군가 시키는 일 말고 자기 조직의 성공을 위해 무엇을 할 것인가를 고민하는 데 투자하라. 그리고 틈이 날 때마다 "우리 이런 거 좀 해보면 어떻겠습니까?"라는 건의를 드려보라. 만약에 그 아이디어가 정말 참신한 것이라면 아마 상사는 그 아이디어 실행의 주인공으로 당신을 선택할 것이다. 이런 순간이 닥치면 나를 원망할 수도 있다. 안 그래도 바빠죽겠는데 괜히 시키는 대로 했다가 업무 하나 더 덤터기 썼다고.

하지만 이걸 명심하라. 직장에서 높은 자리로 가는 건 더 많은 직무를 관장한다는 말이다. 조직 내에서 성장하고 승진한다는 것이 어릴 적 하던 땅 따먹기란 놀이에서 영역 넓히기와 같다는 말이다. 더 많은 일을 하는 사람이 더 높은 자리로 가는 건 어찌 보면 당연한 일이다. 그러니 내일을 위해서 부지런히 업무 영토를 넓혀라.

승진한다는 것은 더 많은 일을 담당하게 된다는 것이다. 그런데 조직 내에서 일을 못하는 사람들은 어떤가? 자꾸만 실수하고 일하기 싫어하는 눈치가 눈에 뜨일 정도다. 그럼 상사의 선택은 그 친구의 일을 줄이고 다른 유능한 사람에게 맡기는 쪽으로 가게 마련이다. 그렇게 자꾸만 일이 줄어들면? 강등당하든지 회사를 나가야 한다. 그리고 남들보다 일을 더 적게 하고 업무의 품질이 떨어짐에도 남들과 같은 속도로 승진하는 방법은 세상에 없다.

그렇다고 남의 일을 빼앗지는 마라. 빼앗긴 사람도 직장에서 살아남고 싶어하는 본능이 있는 존재다. 중요하지만 아직 아무도 하지 않는 새로운 일을 발굴하라. 그 발굴 방법의 핵심에 '무엇을 할 것인가'라는 사고방식이 자리하고 있다.

인사담당자의 입장이 그렇다. 그들은 자신이 승진시킨 사람이 승진 후에 일을 잘해야 유능하다는 평가를 받는다. 그래서 세상의 모든 인사담당자는 누가 승진할 깜이 되는지를 계속 고민한다. 그 기준은 분명히 '팀장처럼 생각하고 일하는 사람이 누구인지'에 맞춰져 있을 것이고 늘 조직 내에서 그런 사람을 찾게 마련이다.

아, 참! 잊어버리지 말아야 할 이야기가 있다. 상사에게 "우리 이런 거 한번 해보면 어떻겠습니까?"라는 말씀을 드리기 전에 기존 100의 시간을 충분히 활용해서 지금 맡은 일을 완벽하게 처리해야 한다는 것이다. 그것도 안 된 상태에서 그런 건의를 했다가 자칫하면 "지금 하는 일이나 똑바로 해!"라는 돌직구를 머리통에 맞을 수도 있다.

다음 그림에서 우리의 주인공 김 대리가 실무자 1의 자리에 있을 때 어떤 행동을 하면 될까? 실무자들은 일반적으로 해야 될 일이 분명하게 설정돼 있다. 어디까지가 내 일인지가 명확한 편이다. 그런 경우 실무자 1은 맡은 그 일을 수행하는 데 필요한 업무지식을 머릿속에 넣고 열정적으로 일하면 100점이다. 그런데 위로 올라가도 그렇게 하면 될까?

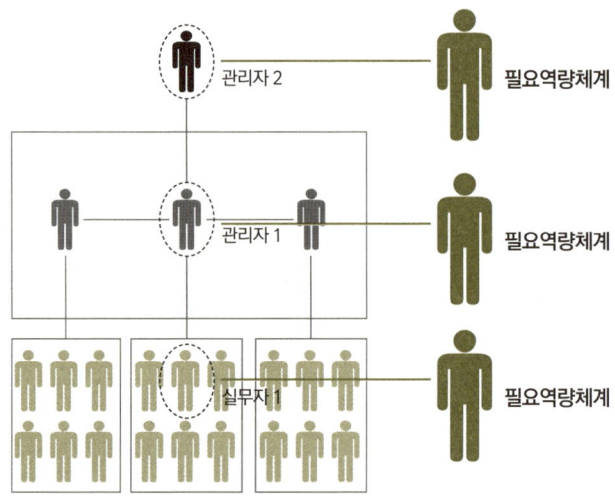

윗사람이 되는 데 필요한 역량과 '경로 의존성'의 덫

　실무자 1의 역할을 잘하는 편이라고 판단되어 김 대리가 관리자 1에 승진 보임을 했을 때를 가정해보자. 이제 김 과장으로 역할이 바뀐 것이다. 그런데 사람이라는 것이 묘하다. 일반적인 사람들은 '경로 의존성'이라는 것에 지배를 당한다. 자신들이 과거에 성공했던 방법이나 칭찬받았던 행동을 강화하고 반복하려는 성향이 있다는 말이다. 이제 실무자가 아니고 남을 관리하는 과장급이 됐는데도 자신이 실무자일 때 칭찬받았던 방법에 묶이게 된다.

　그래서 김 과장이 된 김 대리는 자신이 데리고 있는 여섯 명이 수행하는 직무에 필요한 지식을 전부 자기 머리에 넣고 6배나 열정적으로 일한다. 과거에 그렇게 해서 칭찬을 받았기 때문에 그 방식에 고착된 것이다. 그런데 분위기가 좀 이상해지기 시작한다. 부하직원들은 매우 힘들어한다. 그래도 그나마 우리의 김 과장은 나름 역할을 잘해서 이번에는 관리자 2로 승진한다. 이번에는 김 부장이 된 거다.

그런데 이번에도 우리의 김 부장은 경로 의존성의 영향을 받는다. 과거에 칭찬받았던 그 방식을 추종한다. 이번에는 데리고 있는 열여덟 명이 수행하는 직무에 필요한 지식을 자기 머릿속에 다 집어넣고 18배나 열심히 일하기 시작한다. 상황이 상당히 이상해지기 시작한다. 부하들은 죽을 지경이다.

그리고 이번에는 김 부장이 임원이 됐다. 그리고 이제 휘하에 있는 100여 명이 수행하는 직무에 필요한 지식을 모두 머릿속에 넣고 100배나 열정적으로 일한다. 그렇게 되면 그 임원의 머리가 터져 죽거나 아니면 회사가 망가지게 된다. 어떤가? 당신의 회사에는 그런 임원이 없는가? 상무가 아니라 대리나 사원으로 불리는 그런 좀팽이 같은 임원이 없는가 말이다.

관리자 1(과장급)이 해야 할 일은 휘하에 있는 여섯 명 각자가 자기가 수행하는 직무에 필요한 지식을 머릿속에 넣고 열정적으로 일하도록 영향력을 행사하는 것이다. 관리자 2(부장급)는 휘하에 있는 실무자 열여덟 명 각자가 수행하는 직무에 필요한 지식을 머릿속에 집어넣고 열정적으로 일하도록 영향력을 미치는 관리자 1(과장급)들을 휘하에 두고 있다. 관리자 2(부장급)는 관리자 1(과장급)이 그런 바람직한 행동을 하도록 영향력을 미치면 되는 것이다.

조직 내에서 각각의 단계마다 해야 할 역할과 일이 다르다. 그리고 그 역할을 수행하는 데 필요한 역량도 다르다. 그런데 왜 세상의 관리자들은 자꾸만 경로 의존성에 묶이는 걸까? 그것은 미리미리 새로운 역할과 일에 필요한 역량을 확충해두지 못해서 그렇다. 그러다 보니 새로운 역할에 필요한 역량이 무엇인지도 잘 모르고 새로운 역할에 자신이 없으니 자기가 잘한다고 하는 역할에 자꾸 몰입하는 것이다. 그래도 중책을 맡았으니 뭔가 열심히 한다는 모습은 보여야 할 거 아니겠나. 이것을 심리학적 용어로 '퇴행'이라고 한다. 새로운 역할을 맡았는데 새롭게 요구되는 방식은 익숙하지 못하니 과거에 익숙한 행동이나 업무수행방식으로 새로운 역할을 하려 드는 것이다.

그런데 왜 사람들은 새로운 역할에 필요한 역량을 미리미리 확충하지 못하는 걸까? 기업에서 직무를 수행하는 데 필요한 역량은 크게 나누어 직무지식, 리더십, 전략적 통찰력 등이다. 그 역량들은 직급이나 수행 역할에 따라 중요성이 달라진다. 실무 일을 할 때는 직무지식의 중요성이 매우 크지만 위로 올라갈수록 전략적 통찰력과 리더십의 중요성이 더 커진다.

직무지식이란 일을 하는 데 필요한 지식이다. 그럼 전략적 통찰력과 리더십은 무엇일까? 간단하게 설명하자면 그렇다. 전략적 통찰력이란 우리가 지금 어떤 상황에 부닥쳐 있는가를 알고 앞으로 어디로 가야 하는가를 아는 것이다. 그러면 리더십은? 조직을 책임지는 사람이 우리가 어디에 서 있고 어디로 가는가를 잘 알게 됐는데 그 길로 혼자 가버리면 웃기는 것이다. 조직의 책임자라면 딸린 식구들을 모두 데리고 가야 한다. 부하들을 데리고 그 길을 함께 가는 방법이 바로 리더십이다.

문제는 그 역량의 습득과정과 방법이 다르다는 점이다. 우선, 실무자들이 가장 많이 필요로 하는 직무지식을 보자. 직무지식은 자신에게 맡긴 직무를 열심히 수행하면 어느 정도 생겨난다. 가령 구매업무를 20년 한 사람이 있다고 하자. 그는 엄청난 직무 관련 지식을 머리에 담고 있을 것이다. 그야말로 구매 선수일 것이다. 누구도 감히 그 사람 앞에서 구매와 관련된 이야기를 꺼낼 수 없다. 사실 그 정도 수준이면 무서워서 어디 구매 이야기를 꺼내기라도 하겠는가!

그런 식으로 직무지식은 자신의 일에 얼마나 몰입하는가와 얼마나 그 일을 오래 하는가에 따라 축적할 수 있다. 그런데 전략적 통찰력과 리더십은 축적 경로가 다르다. 어떤 직무를 오래 한다고 자동으로 생기는 것이 결코 아니다. 전략적 통찰력과 리더십은 자신의 직무수행과 별도로 추가적인 학습과 고민을 통해서 생겨나는 것이다. 그런데 많은 사람이 현재 수행해야 하는 일에만 깊이 빠져서 앞으로 필요한 부분에 대해 학습 노력을 하지 않는다는 게 앞에서 말한 문제의 원인이다.

회사에서 승진이든 아니면 부서를 옮겨서 새로운 일에 도전하는 것이든 발령지가 시작점이 돼서는 곤란하다. 사전에 준비가 안 된 경우에는 발령이 나고 자리를 옮기고 난 다음부터 그곳에서 필요한 역량 공부를 시작할 수밖에 없다. 그럴 경우 적절하게 그 일을 수행할 수 있을 때까지는 수많은 시행착오를 겪게 되고 그 기간 동안 기대하던 여러 사람에게 신뢰를 잃게 된다. 그래서 사전에 충분한 기간을 가지고 해당 분야에 대한 지식을 쌓으며 준비를 해야 한다.

승진은 지금까지 일을 잘했기 때문에 주는 회사의 선물이 아니다. 10년 후에 과장쯤 돼 있을 거라는 그 신입사원의 생각도 여기에서 출발하는 것이다. 승진이라는 것은 더 큰 역할을 맡겼을 때 잘 수행할 수 있는 사람을 고르는 과정이다. 물론 지금까지 한국 사회에서는 승진이 노고에 대한 보상 측면이 강했지만 앞으로는 급격하게 바뀌어갈 것이다. 지난 1년간 자신이 맡은 일에서 애를 많이 썼고 큰 성과가 있었다면 인센티브로 보상하고 만다. 승진은 앞으로 더 큰 일을 감당할 역량이 있는 사람에게 더 큰 일을 맡기는 것이다. 여러분은 더 큰 일을 맡고 싶은가? 그렇다면 전략적 통찰력과 리더십을 업무수행과 관계없이 별도로 학습하고 준비하라.

한국은 이런 부분에 대해서 더 큰 문제가 있다. 우리는 서구가 300년 동안 이룩한 산업화를 30년 만에 압축해서 달성했다. 모든 압축 성장은 늘 부분적인 성장지체 현상을 불러온다. 내부의 모든 부분이 동시에 성장하지 못하고 특정 부분은 더 많이 성장하지만 일부는 전체 속도에 맞추지 못하는 경우도 생긴다.

특히 인간의 가치, 사고, 행동방식은 쉽게 바뀌지 못한다. 갑자기 로또를 맞거나 물려받은 땅에 신도시가 개발되는 식으로 떼돈을 벌게 돼서 경차를 타던 사람이 벤츠를 타게 됐을 때 그 큰 차에 적응하기는 매우 쉽다. 작은 지하 전셋집에서 살던 사람이 50평짜리 아파트에 살게 되는 것도 쉽게 적응할 수 있다. 하지만 가치, 사고, 사회적 책임, 행동 방식, 품격은 그렇게 확 바뀌는 것이 아니다. 좀 더 많은 시간이 필요하다. 그걸 충족하지 못하는 경우 우리는 그들을 '졸부'라고 부르며 비하한다.

솔직히 우리 대기업들도 아직 졸부 성향을 가지고 있다. 기업의 크기와 수준은 엄청나게 커졌는데 구성원들이 가슴속에 가진 가치나 사고방식은 상대적으로 느린 속도로 바뀌었기 때문이다. 그래서 사회적인 파열음이 여러저기서 들리는 것이다. 이미 세계적 기업의 반열에 올랐음에도 그 기업 소속 임직원의 윤리의식이나 가치체계는 경제개발단계에 머물러 있는 경우도 많다. 그런 성장지체 때문에 '갑을문제'가 생기는 것이다.

설령 그렇다고 해서 대기업을 없앨 수야 없는 거 아니겠나? 비판하고 질타는 해야겠지만 어느 정도 시간을 줘야 한다. 대기업도 바꾸려고 필사의 노력을 하고 있다. 그리고 지금의 임직원들은 서구 기업에 비해 어린 시절에 배울 만한 선배들이 없었다. 이건 시간이 필요한 문제이다.

지금은 세계 최강이지만 15년 전만 하더라도 삼성전자는 전자업계에서 명함도 못 내밀던 처지였다. 당시에 상무급으로 근무하면서 열심히 더 높은 직급을 생각하고 준비하던 사람들이 벤치마킹의 대상으로 삼은 CEO급 임원들은 무엇을 하고 있었을까? 당시로는 절대 넘을 수 없는 세계 최강인 일본의 소니나 마쓰시타(지금의 파나소닉)를 추격하는 전략에만 몰입하고 있었다. 그런 CEO급을 보면서 예행연습을 하던 상무급들이 지금 삼성전자의 CEO가 되고 나니 상황이 완전히 바뀌었다. 추격하거나 베낄 기업이 없어진 것이다. 준비해온 것의 시의성이 떨어져버린 것이다.

오늘날의 나를 만든 사람은 누구일까?

우리 직장인들은 누구한테 배우고 있나? 그리고 오늘날 직장인들에게 가장 큰 영향력을 미치는 사람은 누구일까? 나는 궁금하면 못 참는다. 롯데그룹의 팀장 432명에게 "지금의 내가 있기까지 가장 큰 영향을 미친 분은 누구인가?"라는 질문을 했다. 답변이 정말 예상외였다.

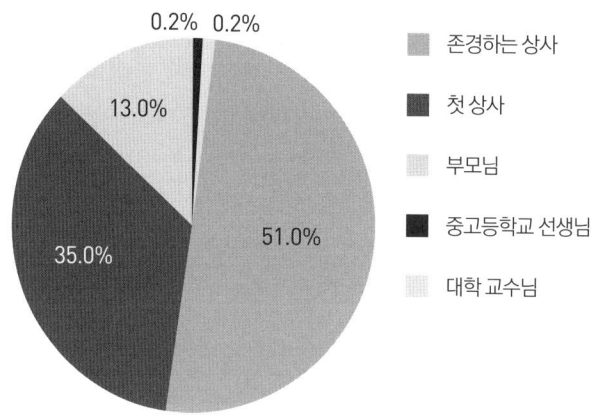

지금의 내가 있기까지 가장 큰 영향을 미친 분은 누구인가?

"지금의 내가 있기까지 가장 큰 영향을 미친 분은 누구인가?"
존경하는 상사가 225명으로 51퍼센트였고 첫 상사가 150명으로

35퍼센트였고 부모님 57명으로 13퍼센트였다. 그 외의 답변이 중고등학교 선생님 1명과 대학 교수님 1명이었다.

어찌됐든 팀장들의 86퍼센트가 오늘날의 자신을 만드는 데 가장 결정적인 영향을 미쳤다고 생각하는 분이 직장상사였다. 그런데 지금 그 상사가 제대로 가르치고 있는 걸까? 전략적 통찰력과 리더십의 문제도 마찬가지이다. 기업 내 구성원들이 그런 것을 가장 많이 배우는 것은 선배이다.

서구 직장인들이 300년 동안 서서히 발전해온 문제를 우리는 30년 만에 해치우고 있다. 일상적인 삶에서 3년 선배라면 거의 같은 동년배로 볼 수 있다. 하지만 서구의 성장 속도에 비춰보면 서구가 30년에 변하고 발전시킨 것을 우리는 3년 안에 바꾸어왔다. 3년 선배가 한 세대의 선배처럼 돼야 한다는 것이다. 전략적 통찰력과 리더십의 문제도 그렇다. 보고 배울 수 있는 선배가 서구에 비해서 엄청나게 부족하다.

그렇다면? 전략적 통찰력과 리더십의 부분에 대해서는 서구기업보다 10배는 더 많은 학습과 고민을 해야 정상적인 수준에 도달할 수 있다는 것이다. 이래저래 한국 기업에 근무하는 직장인들은 정말 피곤할 수밖에 없는 것 같다.

상황과 이슈에 끌려다니지 말고 주도하라

앞에서 밖에서는 들어오고 싶어서 안달이고 안에서는 나가고 싶어서 안달인 게 요즘의 대기업이라고 이야기했다. 그리고 왜 자꾸만 나가고 싶어하는가에 관해 이야기했다. 앞에서 그 원인이 돈을 받고 다니는 현실에 대한 오해와 새로운 것을 선호하는 인간의 본성 때문이라는 이야기도 했다.

또 다른 중요한 원인 중 하나가 있는데 바로 자기 주도성의 문제이다. 직장을 그만두고 싶어하는 실무자들이 생각하는 대안이 무엇이던가? 대학원을 간다. 유학을 간다. 다른 회사를 간다. 또는 내 사업을 한다. 또 아니면 집에서 육아에 전념한다. 보통 이런 것이다. 이게 모두 돈 들어가는 일이라는 점은 이야기한 바 있다.

다른 회사를 간다는 것은 이곳이 싫으니 일단 탈출해보고 싶어하는 심리다. 어차피 이 선택은 대한민국 30대 남성의 후회 리스트 3위에 등록된 '그 회사 그냥 다닐걸.'이라는 결론으로 연결된다는 사실도 이야기한 바 있다. 직장이라는 것이 어디나 다 그렇지 않은가. 돈

내 인생에서 가장 후회되는 것

1. 공부 좀 할걸
2. 돈 모아 집 사둘걸
3. 그 회사 그냥 다닐걸
4. 그 여자 잡을걸
5. 아랫사람에게 잘해줄걸

을 받는 이상 어디인들 마찬가지 아니겠는가?

　나머지 대안들은 모두 돈을 버는 것이 아니라 돈이 들어가는 거라고 이야기했지만 다시 한번 그 대안들을 들여다보면 돈을 들여서라도 '자기 주도성'을 확보하고 싶어하는 욕구가 반영돼 있다는 사실을 발견할 수 있다. 자기 주도성이란 누가 시키는 걸 하는 게 아니라 내가 뭔가를 주도해보겠다는 욕구다. 내가 왜 해야 하는지를 모르지만 어쩔 수 없이 해야 하고 내가 나름으로 열심히 하지만 그렇다고 칭찬을 받을 수 있는 것도 아니고 그냥 시키는 대로 묵묵히 하는 것⋯⋯. 과거 노예의 삶과 크게 다르지 않을 수 있다는 생각이 언뜻 들게 된다.

　그럼에도 대부분의 대기업에서 실무자가 자기 주도성을 발휘하기란 말처럼 쉽지 않다. 상사의 입장에서 아직 뭘 모르는 실무자들을 믿고 주도권을 준다는 게 쉽겠는가? 앞에서 이야기한 구글의 20퍼센트 룰의 본질이 그렇다. 일정 수준의 '자기 주도권'을 주면서 우수한 인력을 꾀려는 의도가 수면 밑에 깔린 것 같다.

　"직원 여러분! 여러분은 이유도 모르고 맨날 윗사람이 시키는 일만 하니까 짜증 나서 죽겠지요? 자신이 뭔가를 주도해보고 싶지 않나요? 그러시다면 회사에서 20퍼센트의 시간을 떼어드릴게요. 그 시간에 자기가 해보고 싶은 일을 한 번 해보세요. 자기 주도성을 가지고요."

　구글의 숨겨진 본심은 그런 것 같다. 탁월한 컴퓨터 프로그래머와 보통의 프로그래머 사이에 개인역량의 차이는 무려 100배 이상이라고 한다. 구글은 어떻게 해서라도 우수한 프로그래머를 영입하고 싶어한다. 돈을 좀 더 주는 방법도 있지만 그 방법에는 분명한 한계가 있다. 서로가 우수한 사람을 배타적으로 확보하려고 급여수준을 올려주다 보면 치킨게임으로 갈 수밖에 없다. 그래서 다른 방식으로 우수자원을 확보할 방법을 찾을 수밖에 없다.

현명한 구글의 인사담당자들은 우수한 프로그래머들의 고유특성부터 연구했다. 그 연구결과를 보니 그들은 자존심이 무지하게 세서 '남들이 시키는 대로 하는 걸 엄청나게 싫어한다.'는 사실을 발견했다. 최고의 프로그래머는 자기가 주도적으로 일하고 싶어하는 본성이 있다는 사실을 발견한 것이다.

그래서 20퍼센트 룰을 도입한 것이다. 탁월한 프로그래머는 보통 프로그래머보다 100배나 뛰어난 역량을 가졌으니 산술적으로 80퍼센트의 노력만 현업에 투입해도 일반인보다 80배의 성과를 낼 수 있다. 그렇다고 급여수준을 80배나 지급해야 하는 건 아니다. 그래서 과감하게 20퍼센트 시간을 버린다고 치고 그들이 본성적으로 원하는 '자기 주도성을 가지고 일할 기회를 준다.'고 꾀는 것이다.

그렇다고 그들이 그렇게 준 20퍼센트의 시간에 골프 타수를 줄이는 방안이나 옆 팀의 예쁜 헬레나를 꾀는 방안을 연구하지는 않는다. 당연히 회사 업무와 유관한 일에 투자한다. 그런 천재들이 개인적으로 치열하게 고민해서 나온 아이디어는……. 회사의 입장에서는 생각하지도 않았던 보너스인 셈이다.

최근 구글에서도 일부 직무 수행자를 제외하고는 20퍼센트 룰의

적용을 조정한다는 이야기를 들었다. 그런 룰이 모든 사람에게 효과가 있는 것이 아니라는 사실과 시스템만 좋다고 반드시 성과가 나는 게 아니라는 평범한 진리를 이제 깨닫기 시작하는 모양이다.

그런데 당신은 일단 그들과 같은 천재가 아니다. 당신이 보통사람보다 100배나 탁월한 능력이 있는 것이 아니므로 80퍼센트만 일해서는 남들과 같은 성과를 낼 수 없다. 그럼에도 나는 구글 사람들처럼 멋있게 빛나고 싶은가? 뭔가 내가 당기는 일을 하고 싶은가? 만약에 그렇다면 회사에 투자하는 100시간 외에 별도의 20을 떼어내서 자기 주도성을 가지고 할 수 있는 일에 투자해보라.

물론 지금까지 시키는 일을 '어떻게How' 해결할 것인가에 전전긍긍해 온 당신이 그 '자기 주도성'에 한번에 익숙해지기 어렵다. 첫 단계에서 무엇을 할 것인가를 치열하게 고민하다 보면 '지금 내가 뭐 하는 짓이지?' '내가 왜 이러고 있는 거지?'라는 생각도 들 것이다. 당장은 몸과 마음이 복잡하고 피곤하겠지만 일단 그런 사고에 적응만 된다면 회사에서 살아가는 하루하루가 더 즐겁고 행복하게 바뀌게 될 것이다.

그리고 시간이 흐르면서 당신의 회사에서 존재감이 조금씩 생기게 될 것이다. 수많은 직원 중에 저 친구는 뭔가 좀 다르다는 인식이 높은 사람들에게 생기기 시작할 거고 더 높고 중요한 자리로 옮겨가는 건 보너스이다. 그리고 당신이 내놓은 아이디어는 '메이드 바이 유Made By You'의 꼬리표를 달고 오랫동안 회사 내에 살아남을 것이다.

이야기한 대로 우리 팀의 존재 이유를 명확하게 아는 것과 그 존재 이유에 맞기 위해서 '무엇What'을 할 것인가의 관점으로 세상을 봐야 자기 주도성이 발현될 수 있다. 그리고 윗사람이 뭘 시키기 전에 "이것을 해야 합니다."라고 건의하는 게 중요하다. 그러고 나서 자신이 그 일을 주도하라. 그래야 자기 주도라는 필요조건이 완결되는 것이다.

여기서 반드시 알아야 할 팁이 있다. 당신이 먼저 그것을 발견해서 건의하지 않아도 맨날 '무엇을 할 것인가?'라는 화두로 고민하는 상사가 언젠가 그것을 발견하게 된다는 사실이다. 그리고 그 일은 당연히 당신에게 배당돼 전혀 '자기 주도적'이지 않고 '시켜진' 상태에서 그 일을 '어떻게' 해결해야 할지 처절하게 고민하는 당신을 발견할 수도 있다.

한 마디로 상사의 눈으로 세계를 보라는 말이다. 그러다 보면 어느 날 갑자기 상사의 자리에 앉아 있는 자신을 발견하게 될 것이다. 그렇게 상사의 자리에 앉는 날부터는 그 위에 있는 상사의 눈으로 세상을 보기 시작하라. 상황과 이슈에 끌려다니지 말고 그런 식으로 주도하라. 그 '자기 주도성'이 당신의 직장에서 보내는 당신의 매일을 의미 있게 만들어줄 것이다.

질문 5

Who is competent?
누가 실력자인가?

"여러분이 회사 내에서 경쟁하는 같은 직급의 동료와 비교한다면 역량과 능력이 상위 50퍼센트에 들어갈 것 같은가? 아니면 하위 50퍼센트에 들어갈 것 같은가?"

여러분에게 드리는 또 다른 질문이다. 잠시 생각해보자. 내 주위의 얄미운 그 동기 녀석, 맨날 사고치고 팀장에게 깨지는 그 녀석, 머리는 나쁜데 무지하게 열심히 해서 오히려 민폐의 크기를 더 키우는 그 녀석, 눈치가 백 단이고 약삭빨라서 윗사람에게 입안의 혀처럼 잘해 예쁨을 한몸에 받는 그 밉쌩이까지. 그래, 이제 그들 속에서 당신은 상위인가? 하위인가? 결정해보라.

얼마나 많은 직장인이 자신이 상위 50퍼센트 안에 들어간다고 생각하면서 살아갈까? 여러분 생각에는 어떨 것 같은가? 별것이 다 궁금하다고 핀잔을 줄지 모르겠지만 나는 성격이 못돼먹어서 궁금하면 절대 못 참는다. 반드시 확인해야 잠을 편히 자는 스타일이다. 그래서 그 궁금함을 해결하기 위해서 롯데에 근무하는 팀장들에게 일괄 설문을 돌렸다. 아주 간단한 하나의 질문이었다. 질문의 내용은 이랬다.

"회사 내에서 경쟁하는 다른 팀장들과 비교하면 팀장 여러분의 역량과 능력이 상위 50퍼센트에 들어간다고 생각하십니까? 아니면 하위 50퍼센트에 들어간다고 생각하십니까?"

당연히 무기명 비밀 설문이었고 설문에 응한 사람은 무려 1,913명이었다. 그래서 설문 결과 상위 50퍼센트에 들어간다고 자신 있게 이야기한 사람이 몇 퍼센트나 나왔을 것 같은가? 여러분이 생각하기는 어떨 것 같은가?

말했듯이 나는 궁금하면 못 참는 편이다. 그래서 상당수의 팀장에게 다시 질문을 해봤다. "이 질문에 상위 50퍼센트에 들어간다고 대답하는 팀장이 얼마나 될 것 같은가?" 그 질문에 50퍼센트가 넘을 거라고 이야기하는 사람들은 드물었다. 아마도 한국인들은 특유의 겸손과 겸양을 미덕으로 생각하기 때문에 설문지라고 하더라도 상위에 들어간다는 대답을 쉽게 하지 못할 거라는 선입견이 작용했던 것 같다. 그러나 안타깝게도 결과는 다음과 같았다.

총 1,913명 중에 내가 상위 50퍼센트에 들어간다고 답변한 팀장이 무려 1,676명으로 87.6퍼센트였고 하위 50퍼센트에 들어간다고 답변한 팀장이 237명으로 12.4퍼센트이었다. 이 결과만 놓고 보면 롯데가 정말 엄청난 그룹인 것 같다. 팀장급 대부분이 상위 50퍼센

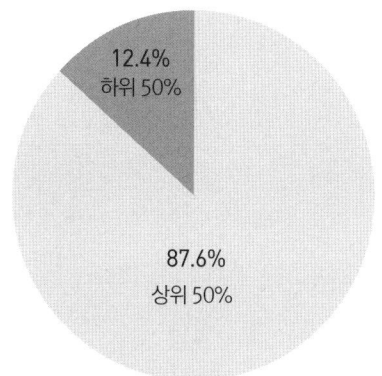

트 안에 들어가는 탁월한 분들로 구성돼 있으니까.

그런데 질문을 다시 한번 되돌아보라. '회사 내에서'라는 단서가 있다. 다들 착각하고 있는 것이다. 이 설문결과만 보면 산술적으로도 팀장급 고급간부의 약 40퍼센트가 하위의 수준이면서 행복한 착각 속에 살고 있다는 것이다. 더구나 롯데의 팀장들은 매년 말에 자신의 업적과 역량을 평가한 성적표를 받는다. 그 성적표에는 정말 얄짤 없이 등급과 수준이 적나라하게 표시돼 있다. 그런데도 절반에 가까운 사람들이 평가결과는 잘 모르겠고 본인이 매우 우수한 사람인데 회사로부터 천대받고 있다는 착각 속에서 살고 있다.

여러분은 어떠한가? 앞에서 내가 한 질문에 어떤 답을 생각했는가? 아마 대부분의 독자도 본인이 상위 50퍼센트에 들어간다고 생각했을 것이다. 그런데 정말 그럴까? 그 믿음이 사실일까? 혹시 우리는 온도가 서서히 올라가는 끓는 냄비 속에서 '난 상위 50퍼센트 안에 들어가는 유능한 직원이야.'라는 즐겁고도 편안한 상상 속에서 천천히 익어가는 개구리 꼴이 아닐까?

물론 인생이라는 게 제 잘난 맛이라도 있어야 산다고 하지만 그 달콤한 맛에만 빠져 살다가는 어느 시점에 가서 결국 한 방에 갈 수 있다. 그런 것이 한국인만의 착각은 아닌 것 같다. 올라 스벤손Ola Svenson이라는 학자가 미국과 스웨덴의 대학생들에게 자신의 운전실력을 어떻게 생각하느냐고 질문했다고 한다. 그랬더니 무려 93퍼센트의 학생들이 다른 사람들보다 운전을 잘한다고 대답했다. 또 88퍼센트의 학생들이 다른 사람들보다 더 안전하게 운전한다고 대답했다.

여러분은 어떤가? 올라 스벤손의 질문은 인간이 스스로에 대해서 어떻게 평가하는지를 분명하게 알려준다. 나는 당신들이 운전을 잘 한다고 생각하는지, 아니면 못한다고 생각하는지는 별 관심이 없다. 다들 자기 잘난 맛이라도 있어야 사는 재미라도 있지 않겠느냐는 말에 충분히 공감한다. 하지만 사회적인 관점에서 이 문제를 다시 보면 이야기가 좀 달라진다. 교통사고를 내는 주범들은 어떤 유형이겠는가? "나는 운전을 잘 못한다."고 답변한 7퍼센트일까?

절대로 아닐 것이다. 그들은 자기가 운전을 잘 못한다고 생각하기에 최소한 방어운전을 한다. 그래서 그들은 뜻밖에 중대한 사고를 내지 않는다. 내 생각에는 운전을 잘하지도 못하는 주제에 잘한다고 착각하는 사람들이 세상의 교통사고를 다 내고 다닐 것 같다. 안 그런가?

자신에 대한 평가도 그렇다. 아까 내가 상위 50퍼센트에 못 들어간다고 압박감을 느끼는 10퍼센트 남짓의 팀장은 어떨까? 그들은 일단 자기반성을 하게 돼 있다. 그들도 사람인 이상 살아야 할 것 아니겠는가? 그들은 '내 리더십에, 또 내가 회사를 보는 시각에, 내가 업무를 대하는 태도에 뭔가 잘못이 있다.'라는 경각심을 가지고 있다. 그러면 그들에게 남는 것은 무엇일까? 자신도 살아남기 위해서 단점을 바꾸고 변화를 한다.

문제는 상위 50퍼센트가 아닌데도 그렇다고 착각을 하고 사는 40퍼센트에 가까운 사람들이다. 그들의 머릿속에는 '난 잘못하는 것이 없다.'로 가득하다. 그래서 변화에 대한 압박감도 없다. 다만 이 더러운 세상이 나를 몰라줄 뿐이다. 그래서 그들은 자신의 잘못을 찾으려고 애쓰지도 않고 잘못을 못 찾으니 개선하지 못한다. 그냥 살던 대로 사는 것이다. 계속 쭉~ 언제까지? 절벽에서 떨어지는 그 순간까지.

그런데 정말 무서운 사람은 이런 사람이다. 상위 50퍼센트에 들어가는 수준이 아니라 상위 10퍼센트에 들어가는 사람이다. 그런데 그 사람은 '내일을 오늘보다 더 아름답게 살겠다.'고 '내가 아직도 잘못하고 있는 것이 무엇인가?'라는 시각으로 늘 자신을 되돌아보는 사람이다. 그런 사람들은 정말 무섭지 않을까? 혹시 여러분은 어떤가? 다시 한번 생각해봐라.

초경쟁사회에서 어떻게 역량을
강화할 것인가?

지금의 세상은 미친 듯이 바뀌고 있다. 여러분은 현대 사회를 '초경쟁사회'라고 표현한다는 것쯤은 알고 있을 것이다. 초경쟁Hyper Competition이라는 단어는 다트머스 대학의 리처드 다베니Richard D'Aveni 교수가 1994년 저서 『초경쟁Hyper Competition』에서 주장한 내용이다. 이 책은 2009년에 『하이퍼컴피티션』이라는 제목으로 국내에 번역 출간됐다. 20년 전의 책이 4년 전에 번역돼 한국에 소개됐다는 것은 무엇을 이야기하는 걸까? 한국인이 굼뜨다? 그건 절대 아닐 거고. 그 초경쟁이라는 단어가 다시 주목을 받고 있다는 말이다. 요즘 세상이 다베니 교수가 주장한 딱 그 환경이라는 말이다.

그런데 중요한 단어는 경쟁Competition보다는 초Hyper라는 단어이다. '우리가 무지하게 힘이 세다.'라고 하면 슈퍼Super, 울트라Ultra 같은 단어를 일반적으로 쓰는데 '초경쟁'이라는 단어에서 세다는 단어를 하이퍼Hyper로 택했다. 연세대 신동엽 교수의 말에 의하면 이 하이퍼는 세기는 센데 좀 어두운 쪽으로 세다는 뉘앙스를 가지고 있으며 '미쳤다'는 느낌도 가지고 있다고 한다. 중국 무협영화를 보면 무당파와 같은 정통파가 있는가 하면 이상한 사술과 비기를 쓰는 '사파'도 있다. 사파는 쓰는 무기도 이상하거니와 소매에서 독가스와 독사들을 내보내는 이상한 인간들이다. 생긴 꼬락서니도 그렇게 이상하게 하고 다닌다.

그 사파의 가장 큰 장점이 바로 공격방식을 애초부터 예측할 수 없다는 것이다. 공력이 센 것도 아니고 오랜 세월 수련한 것도 아니다. 하지만 그들의 무서운 점은 그 예측 불가능성이다. 신동엽 교수는 우리가 당면한 경쟁상황이 그렇다고 주장한다. 도도히 흘러가는 강물처럼 예측이 가능한 기술 진보의 흐름이 아니다. 예측 불가능한 돌출변수가 너무 많다는 것이다. 어디서 어떤 변화와 혁신이 튀어나와 세상을 엎어버릴지 모른다는 것이다. 그리고 그 예측 불가능한 공격 한 방에 철저한 준비를 안 하는 정파의 당당한 무인들이 쓰러져 간다는 것이다. 환경이 이쯤 되면 사파의 수법에 사전 대비하지 않는 정파의 무인들은 당당한 것이 아니라 멍청한 것이 된다. 그렇게 지금 경영환경이 미쳐 날뛰고 있다.

그래 백번 양보해서 설령 당신이 지금 당장은 상위 50퍼센트에 들어가는 것이 맞다고 치자. 하지만 날마다 기술과 지식과 경쟁과 환경이 미친 듯이 바뀌는 지금의 초경쟁환경에서 언제까지 그 우위가 유효할 수 있겠는가? 당신이 알고 있는 것보다 더 새로운 최신 이론을 배우고 더 새로운 문명의 이기에 정통한 새내기들이 계속 몰려오고 있는데. 당신은 뭘 하고 있느냐고.

성장은 어제의 나를 부정하고
반성하는 데서 출발한다

성과평가 결과가 안 좋아서 연말 성과 상여를 평균보다 적게 받고 승진에서 여러 번 떨어진 친구가 면담을 요청해서 만난 적이 있었다. 그 친구의 이야기가 그거였다. "내가 지금까지 우리 회사에 충성하며 살아온 세월이 얼마인데 어떻게 나한테 이렇게 합니까?"

그런 면담을 하면서 이런 식으로 화두를 꺼내는 친구를 보면 참으로 답답해진다. 그 친구에게 왜 나쁜 평가를 받았다고 생각하느냐고 물어보면 이야기는 정말 길어진다. 자신은 열심히 하고 잘하는데 운이 안 좋아서, 상사와 관계가 안 좋아서, 상사가 뭔가 오해가 있어서……. 그런데 어느 친구도 '내 잘못'에 대해서는 절대 언급하지 않는다.

그러니까 지금 그 모양 그 꼴이 아니겠는가. 그는 생각보다 오랜 세월 동안 자기 관점으로만 세상을 해석하고 자신이 상위 50퍼센트에 들어갈 거라는 막연한 믿음에 기대어 자기에 대한 개선과 개발 없이 오랜 세월을 보내고 나서 더는 낡을 수 없을 만큼 낡은 상태에 와 있는 것이다.

하루하루 나아진다는 것, 하루하루 성장해간다는 것은 어제의 나를 부정하고 반성하는 것에서 출발한다. 그런데 '내가 잘못한 게 없고 전부 주변의 문제다.'라고 보는 친구는 벌써 몇 년째 제자리 뛰기를 하고 있거나 뒷걸음을 치는 것이다. 이런 친구에게 꾹 참고 그동안 월급을 주는 그 회사 사장님의 인내력에 감탄을 보낼 뿐이다.

오랜 시간 작업을 끝내서 인사발표를 해놓고 보면 패자는 반드시 인사 잡음을 낸다. 그래야 마음이 편하니까 원래 그런 거라고. 그들을 이해하려고 무진 애를 쓰지만 정말 짜증 날 때가 있다. 그래도 나는 묵묵하게 인사잡음이 조직원의 심리 회복제라고 생각하고 무던히도 참고 산다.

"잘한 건 내 탓이고 못한 건 조상 탓"이라는 옛날 속담도 있지만 사람의 본성이 좀 그렇다. 내가 잘못한 게 뭔가를 계속 찾으려는 노력을 억지로라도 기울이지 않으면 '나는 늘 훌륭한 사람이고 나를 둘러싼 주변은 다 나쁜 놈'으로 해석하는 게 인간의 본성이다.

귀인이론Attribution이라고 있다. 일의 원인을 어떻게 해석하는가에 대해 설명한 이론이다. 사람들은 특정한 일이 벌어지면 그것의 원인이 무엇인지를 꼭 정리해두고 싶은 강한 욕구가 있다. 그런데 그 원인의 정리방식이 묘하다. 우선, 어떤 일이 긍정적이거나 성공한 일이면 그 일의 원인을 환경보다는 나의 노력으로 돌리는 경향이 강하다. 반대로 부정적인 일이거나 실패한 일의 경우에는 내 실수나 노력 부족보다는 환경 탓으로 돌리는 경향이 강하다. 그래서 사람의 머릿속에 정리된 원인구조는 아래의 표와 같아진다.

	환경/주변	나
성공한 일	30퍼센트	70퍼센트
실패한 일	70퍼센트	30퍼센트

성공한 일에 대한 보고는 그렇다. 설명의 시작은 환경이다. "불경기에다 경쟁사의 도전은 정말 집요하고 강했지만 전 팀원의 일치단결하는 마음과 이게 안 되면 죽겠다는 각오로 이겨냈습니다……." 결국 자기들이 잘했다는 이야기다. 나와 우리 팀이 잘한 것이 70퍼센트이다.

반면 실패한 일에 대한 보고는 그렇다. "전 팀원의 일치단결하는 마음과 이게 안 되면 죽겠다는 각오로 덤벼들었지만 불경기와 경쟁사의 도전이 너무나도 집요해서 이겨낼 수가 없었습니다." 결국 환경 탓이다. 환경과 주변의 어려움이 70퍼센트이다. 나와 우리 팀 잘못은 30퍼센트가 된다.

그래서 선조들 말씀에 "소나기 내리고 나면 장독 뚜껑 자기가 덮었다는 인간들이 많이 나오게 돼 있다."가 있다. 그건 그렇다고 치고 위 표를 세로의 관점에서 보자. 나는 어떤 사람인가? 성공한 일 70퍼센트에 실패한 일 30퍼센트의 훌륭하신 분이 된다. 나를 둘러싼 환경을 보자. 성공한 일은 30퍼센트, 실패한 일은 70퍼센트다. 나는 훌륭한데 주변의 동료나 팀장 부하들은 늘 문제인 쪽으로 해석되는 것이다.

구본형 선생이 한 말 중에 가장 마음에 드는 말이 또 있다. "나에게 가장 강한 적은 바로 '어제의 나'다." 도요타자동차가 모든 경쟁자를 누르고 세계를 평정한 이후에 내세운 표어가 뭔지 아는가? 바로 '타도 도요타!'였다. 밖에 있는 경쟁자 누구를 극복하려는 노력은 그 경쟁자를 극복하는 순간 의미가 없어진다. 지속하는 진보는 '어제의 나'를 이기고 극복하려는 노력에서 가능하다. 그래서 도요타는 어제의 도요타를 이기자는 표어를 건 것이다. 분명한 것은 바로 이거다.

"당신은 지금 당신의 생각보다 훨씬 못 하고 있다!"

이 사실을 분명하게 깨닫지 못하면 당신의 성장 속도는 경쟁자보다 훨씬 느려질 것이다. 상위 10퍼센트에 들어가라! 누가 봐도 확연하게 표시가 날 정도로 탁월해질 때까지 반성하고 또 반성하면서 한 걸음씩 뚜벅뚜벅 걸어나가라. 그리고 세상보다 더 빠르게 변화하라.

질문 6

Why competition is needed?

왜 경쟁이 필요한가?

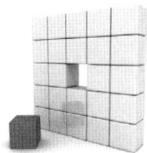

매일의 치열한 경쟁이 지겨운가? 좀 여유 있고 인간답게 살고 싶은가? 우리가 모두 지친 것도 사실이다. 일부 학자들은 구석기 시대에는 주당 20시간의 노동만으로 어느 정도 풍족하게 살 수 있었다고 주장한다. 그런데 우리는 좀 많이 그리고 심하게 일에 몰입하는 것이 사실이다. 그래서 요즘은 '웰빙'이나 '느리게 살기' 같은 여러 가지 삶의 지혜를 주장하는 책들도 쏟아져 나오고 있다. 그래서? 좀 느리게 살고 계신가? 편안하게 웰빙이 잘 되고 계신가?

우리가 처한 상황을 지적하고 파헤치는 것은 누구나 쉽게 할 수 있다. 신랄하게 문제점을 고발하고 현실을 냉정하게 비판하는 것도 가능하다. 그러나 그건 자원한계론자들에게 편안한 방법이다. 내가 느리게 살자고 해서 세상은 바뀌지 않고 그 문제를 해결하는 방법도 쉽게 나올 수 없다. 최근의 자본주의 문제점을 파헤치는 작업도 마찬가지이다. 나도 현재 세계를 관통하는 위기는 자본주의 시스템 자체의 한계에서 발생했다는 사실에 공감한다.

학자들도 마찬가지이다. 현재의 시스템이 만든 문제점을 들추고 적시하는 작업을 많이 한다. 그리고 그들의 주장을 닮은 수많은 책이 인쇄되고 배포되고 있다. 그래서? 우리가 어떻게 해야 그 문제를 해결할 수 있는지에 대한 답을 대충이라도 내고 있는가. 그 해법에 대해서 여전히 케인스의 후계자들과 하이에크 후계자들의 주장과 처방은 팽팽하게 맞서고 있다.

다행인 것은 자본주의가 공산주의와 달리 정형화된 이론이나 교조적인 논리 위에 서 있는 시스템이 아니라는 점이다. 자본주의가 다소간의 문제점에도 불구하고 오랜 세월 세계경제활동의 근간이 돼왔고 오늘날의 번영에 이바지할 수 있었던 유일한 이유는 생물처럼 상황에 따라 진화를 하는 장점이 있었기 때문이다.

초창기 자본주의는 진짜 밀림의 원칙 위에 서 있었다. 봉건주의나 절대왕권을 없애고 개인의 후천적인 노력에 따라 성취할 기회를 제공한 공로는 있다. 그러나 아직은 원시적인 시스템이어서 또 다른 문제점을 많이 만들어냈다. 그러나 자본주의는 매우 현명한 시스템이었다. 문제가 생길 때마다 자신의 체계를 개선하고 진화해왔다. 그리고 현재까지 성장해왔다. 그러니 자본주의는 하나다라는 생각에서 벗어나야 한다. 초창기 자본주의와 현대의 자본주의는 현격하게 다른 시스템이다.

자본주의에서 발생하는 문제점을 겸허하게 받아들이고 더 나은 상태로 진화하려는 시스템의 시도는 지금도 여전히 계속되고 있다. 단점을 발견하고 개선하기 위해서 노력한다. 그러니 자본주의를 이길 대안 시스템은 앞으로도 쉽게 발견되기 어려울 것 같다.

현대의 자본주의 시스템에 문제가 있다고 하는데 자본주의 시스템의 문제점이 없었던 적은 지금까지 없었다. 그러나 자본주의 외에는 아직 대안이 전혀 없다. 자본주의를 버리고 나서 인류가 생존할 방법은 사실 전혀 없다고 봐야 한다. 아쉬운 대로 조금씩 고쳐가면서 살아야 하는 것이다.

그 자본주의라는 시스템이 근간으로 삼는 것이 바로 '경쟁'이다. 더 열심히 고민하고 노력해서 더 나은 성과를 내는 사람이 더 많은 보상을 받는다는 구조가 자본주의의 기본적인 틀이다. 평등하지는 않지만 공정하다. 그래서 사람들이 룰을 받아들이는 것이다.

인간이라는 존재는 모든 악과 부조리가 사라진 완벽한 세상을 만들지 못한다. 인간 자체가 그렇지 않은데 어떻게 인간이 만든 세상이 완벽할 수 있겠는가. 현실의 인간이 만들 수 있는 최선의 사회는 어떤 현자가 만들어놓은 완벽한 이데올로기나 지도자의 교시가 아니라 자신의 소망이나 신념에 따라 각자 원하는 인생을 살아갈 수 있는 세상이다.

자본주의는 완벽한 대안을 추구하려는 시도가 아니다. 자본주의는 최선의 개선책을 찾아내 진화시켜 나가는 시스템이다. 당연히 제시된 어떤 개선책도 모든 문제를 해결해줄 수는 없다. 지금 당장의 문제를 해결해주기는 하지만 생각지 못했던 또 다른 문제를 일으키기도 한다. 더구나 우리가 어디로 갈 것이라는 달콤하고 가슴 뛰는 장기적인 거대 담론을 제시하지 않는다. 모든 사람으로부터 몰입을 불러오는 힘도 부족하다. 그러나 자본주의가 훌륭한 이유는 경쟁을 통해 구성원 모두가 각자 담당 영역에서 최선을 다해 개선 노력에 몰입하도록 하는 엄청난 장점이 있기 때문이다. 그게 바로 우리 인류가 가진 원천적인 힘이다.

느리게 살자고? 그러세요! 그렇게 느리게 살다가 갑자기 위중한 병이 생기면……. 병원을 찾아가겠지. 그리고 의사의 도움을 받겠지. 만약에 그 의사들이 지옥 같은 인턴이나 레지턴트 생활을 인내하지 못하고 느리게 살던 사람이라면 당신의 생명은 누가 지켜주나? 다들 느리게 살고 웰빙으로 사는 세상에서 하루에 4~5시간만 자면서 의술을 연마해서 많은 사람의 생명을 구하는 사람에게 더 많은 보상을 하는 건 당연한 거 아닌가? 그게 온당한 게 아니냐는 말이다. 안 그러면 누가 자신의 화려한 젊음을 희생해서 그 준비를 하겠느냐고.

주당 20시간의 노동으로도 충분했다고 하는 구석기 시대? 그 노동의 조건이 어떠한지 아는가? 사자 같은 포식자와 경쟁하면서 날카로운 어금니를 가진 멧돼지와 사투를 벌여가며 사냥하는 시간이다. 지금도 그런 일자리는 많다. 한 주에 10시간만 일해라. 후쿠시마 원전에서……. 충분히 먹고 살 만큼 준다. 구석기 시대의 노동은 그 정도의 위험을 감수한 것이었다는 점을 분명히 계산에 넣어야 한다. 단순히 일하는 시간으로 따지는 우를 범하지는 말자는 이야기이다.

뭐, 그래도 그것도 좋다면 제비뽑기를 하자. 구석기 시대의 방식으로 살면 500만 명만 남고 69억 5,500만 명은 이 지구에서 보따리를 싸야 하니. 누가 남고 누가 떠날 것인지 보따리를 쌀 사람을 제비뽑기로 선택하자고.

자본주의 사회에서 어떻게 살아남을 것인가?

여러분의 선택 성향을 한번 생각해보자. 여러분의 집 근처에 빵집이 두 개 있다고 하자. 두 집의 빵 가격은 같은데 A라는 빵집의 맛이 훨씬 좋다. 그러면 여러분의 선택은 뭔가? 당연히 A라는 빵집의 단골이 되지 않겠는가? 그런데 그 A 빵집이 무슨 일이 있는지 오늘 문을 열지 않았다. 그런데 지금 당신은 무지하게 빵이 당긴다. 선택은 두 가지이다. 꾹 참고 내일까지 기다리든지 아니면 아쉽지만 B 빵집에 가는 것이다. B 빵집에 가면서 투덜거릴 것이다. 빵을 만들려면 제대로 만들든지 아니면 A 빵집 노하우를 좀 배우든지.

그런데 어떤 힘센 사람이 B 빵집도 먹고 살아야 한다고 A 빵집을 정해진 날마다 문을 닫으라고 강요를 한다면? 아무 말은 못하겠지만 불편으로 짜증이 날 수밖에 없는 것 아니겠나. 이런 상황에서 맛의 수준이 떨어져서 자꾸만 고객이 줄어드는 B 빵집의 대응책은 뭘까? 정부에 로비해서 A 빵집이 강제휴무라도 하도록 해야 하나? 그건 아니다. A보다 더 맛있게 만들기 위해서 노력하든지 아니면 A보다 싸게 팔아야 한다. 그렇게 되면 주변 모든 고객의 행복지수는 올라간다.

　자본주의 사회에서 개인이 살아남는 방법은 무언가? 경쟁자보다 더 싸게 하든지 가격 대비 더 나은 재화나 서비스를 제공하는 방법 뿐이다. 결국 고객(남)들에게 더 잘해주는 사람이 더 잘살게 되는 것이 자본주의의 근간이다. 최소한 이 시스템 내에서 아버지가 귀족이기 때문에 아들이 귀족이 되고 아버지가 평민이라고 해서 아들이 평민으로만 살아야 한다는 룰은 없다.

　신분이나 계급과 관계없이 남에게 더 잘해줄 수 있는 사람이 성공하는 것이 자본주의의 근간이다. 그렇게 모든 사람이 살아남기 위해서 남에게 더 잘해주는 방법을 찾기 위해 치열하게 노력을 기울인다. 그게 바로 애덤 스미스가 이야기한 '보이지 않는 손'의 논리이고 그런 과정을 통해서 세상의 모든 '남'들의 총체인 '인류 전체'가 좀 더 행복하게 살 수 있는 세상이 돼온 것이다. 자본주의의 경쟁이라는 것은 결국 다른 누구보다 남들에게 잘 해주는 사람이 되기 위한 노력이다는 사실을 기억해야 한다.

　　　　　자본주의 = '누가 남에게 더 잘해주는가?'의 게임

　홍익대에 계시던 박광량 교수의 이야기가 그랬다. 자본주의가 곧 홍익인간의 정신이다. 상대적으로 더 많은 남에게 더 많이 잘해주는 사람이 성공하는 시스템이 자본주의다. 지금은 세상의 모든 사람이 나한테 더 잘해주기 위해서 치열하게 고민하고 경쟁하는 세상이다.

물론 그런 세상의 혜택을 받는 나도 다른 사람들에게 더 잘해주기 위해서 최선을 다해야 한다.

그 '자유로운 경쟁'은 자본주의의 근간이기 이전에 인류가 나타나기 전부터 지구에서 존재해왔던 생존방식이다. 인간보다 더 일찍 존재했던 모든 종이 살아온 방식이고 그 방식을 통해서 더 나은 존재는 계속 생존했고 더 못한 존재는 도태됐다. 그렇게 적응 노력과 도태과정을 통해서 지구가 더 나은 상태로 하루하루 진보해왔다. 자본주의가 도입되면서 경쟁이 생겨난 것이 아니라 살아가고 번식하는 생물들의 본질로 오랫동안 존재하던 원칙이다.

경쟁은 우리뿐 아니라 지구 상에 살아가는 모든 종의 공통된 운명이다. 우리가 중력을 무시하고 살 수 없듯이 물이 높은 곳에서 낮은 곳으로 흘러가듯이 살아 있는 종이라면 동물이든 식물이든 경쟁을 피할 수 없는 운명이다. 인생을 살면서 느낀 것 중의 하나가 '피할 수 없을 때는 즐기는 것이 현명하다.'는 것이다. 그러니 경쟁을 즐겨라. 그게 현명하다. 이 피곤한 경쟁의 본질은 누구도 벗어날 수 없는 '부족한 자원'이라는 지구의 조건에서 출발한다. 여러분이 아시다시피 세상의 자원은 늘 부족하다. 그 부족한 자원을 내가 차지해야 생존하고 번성할 수 있기 때문에 치열하게 경쟁을 하는 것이다.

그런데 그 경쟁이라는 것을 국가에서 적당히 제한하고 한정된 범위 내에서 운영하면 어떨까? 우리 틀 외부의 경쟁자도 생각해야 한다. 외국의 경쟁자들 말이다. 당연히 치열한 경쟁에서 낙오한 일부에 대한 배려를 이야기하는 사람이 있다. 정말 당연하고 온당한 일이고 전적으로 찬성한다. 당연히 우리가 인간인 이상은 그들을 보살펴야 한다. 그러나 그 배려 방법을 잘 생각해야 한다. 행여라도 그 배려를 '경쟁'을 부당하게 제한하는 방법으로 접근해서는 곤란하다. 그것은 빈대를 잡기 위해서 초가삼간에 불을 지르는 것밖에 안 된다. 항상 장점을 살리고 단점을 보완하는 방법으로 접근해야 한다.

이런 문제를 해결하기 위해서 정부가 필요하다. 많이 버는 사람들에게 세금을 걷어서 배려할 방법을 찾아야 한다. 그러나 경쟁력 있는 시스템의 본질을 훼손하는 방법으로 그 문제를 해결해서는 곤란하다.

인간은 평등함보다 공정함에 끌린다

그동안 많은 심리 실험을 통해서 사람들이 평등보다는 공정함을 선호한다는 사실이 밝혀지고 있다. 그런데 공정함이라는 것은 평등함과 어떻게 다른 것일까? 이 책을 쓰면서 어려운 이야기를 하는 학자를 불러오지 않기로 다짐했지만 이번에는 좀 쉬운 이야기를 하는 학자를 한 분 모시겠다. 존 애덤스 J. Adams라는 분이다. '공정성 이론'의 창시자이다. 많은 논문을 통해 어려운 용어를 무지하게 많이 창시해서 여러 사람 머리 복잡하게 만든다는 '학자 본연의 임무'에 충실하셨던 분이지만 그분의 주장은 생각보다 아주 간단하다.

"내가 투입한 노력과 그 결과로 얻은 보상의 비율과 다른 사람이 투입한 노력과 그 결과로 얻은 보상의 비율을 비교하는 게 인간의 본성이다. 그런데 그 비율이 틀리면 기분이 확 나빠진다."

$$\frac{\text{나의 보상}}{\text{나의 투입}} \begin{matrix} < \\ = \\ > \end{matrix} \frac{\text{경쟁자의 보상}}{\text{경쟁자의 투입}}$$

더 쉽게 말하면 저 녀석이 맨날 놀면서 나하고 같거나 더 많은 수준의 보상을 받으면 기분 무지하게 나빠진다는 말이다.

그래서 그 비율을 같게 해주는 것이 중요하다는 게 존 애덤스란 분이 하신 말씀의 요지다. 열심히 일한 사람은 더 많이 받고 적게 일하는 사람은 적게 받는 것을 공정하고 편안하게 생각한다는 것이다. 한 마디로 세상의 모든 인간은 무임승차하는 꼴을 못 보겠다는 본성이 있다는 말이다.

나는 맨날 밤새워서 열심히 일했는데 맨날 놀고 있는 저 친구와 월급이 같다면 누구나 불공정하다고 느끼고 불평한다. 그런 불공정하다는 느낌은 인간의 마음을 상당히 불편하게 만들게 되는데 그 불편함(불공정성)을 해결하기 위해서 사람들은 특정행동을 하게 된다. 사장한테 월급을 더 달라고 하든지, 그게 안 통하면 어차피 같은 돈을 받는데 '그 친구'처럼 나도 일을 안 하려 든다. 모든 직원들이 그런 식으로 되면 그 조직이 망하는 건 시간문제 아니겠는가?

나는 아직도 같은 회사에 동기생으로 들어왔다는 이유만으로 똑같은 급여를 받는다는 점을 이해할 수 없다. 신분이 같으면 같은 대우를 받아야 한다는 것은 봉건주의의 논리이다. 내가 귀족이면 계속 귀족이고 그것에 합당한 대우를 받아야 한다는 건 지금 보면 말도 안 된다. 마찬가지로 내가 A라는 회사에 소속돼 있으니 얼마 받아야 한다는 것도 말이 안 되는 것 아닌가? 노력한 만큼 그리고 성과를 낸 만큼 받는 것이 합당하다.

얼마 전까지도 한국은 그런 분위기였다. 공채로 대기업에 들어왔으면 무슨 일을 하든 일단 같은 급여를 지급하고 적절한 시간이 지나면 같이 승진한다. 매우 평등 지향적이었다. 그런데 여기에 모순이 있다. 동기생들끼리 급여 수준이나 승진 기회가 유사하게 흘러가니 서로가 투입하는 노력에 대한 비교가 이뤄진다. 나는 이렇게 고생하는 부서에 있는데 저 친구는 팽팽 노는 부서에 있으면서 똑같이 승진한다. 진짜 열 받는다. 이런 불평들이 터져 나오고 나도 이렇게 열심히 할 필요 없지 않느냐는 생각이 들게 된다.

그리고 그런 것이 쌓이게 되면 서로가 경쟁적으로 안 하려는 노력의 하향 평준화가 이뤄지는 것이다. 일을 시키면 내가 성장할 기회, 더 좋은 평가를 받을 기회가 주어진다고 생각하지 않고 가능하면 일을 안 맡으려 한다.

조직에 이런 분위기가 팽배하면 공정함을 지향하는 인간의 본성은 꿈틀거릴 수밖에 없다. 그래서 노력이나 공헌보다 적게 받는다고 생각하면 더 많은 기회나 보상을 주는 회사를 찾아 떠나버리게 된다. 그리고 노력이나 공헌보다 많이 받는다고 생각하는 친구들은 조직에 남아서 즐겁게 희희낙락하는 세월을 보내게 된다. 사실 이런 분위기는 좀 아니지 않은가? 바로 이게 한국기업들이 연봉제나 차

등보상제도를 전격 도입한 이유이다.

왜 경쟁이 없는 평등한 사회는 실패했는가?

카를 마르크스의 사상은 우리가 생각하듯이 그렇게 완전히 잘못된 것이 아니다. 그는 처참한 환경에서 고통받는 가난한 사람들의 처지를 불쌍하게 여겼고 구제 방법들을 찾기 위해서 평생을 바친 사람이다. 사실 그가 1848년에 발표한 『공산당 선언』에 나오는 '공산 국가가 갖추어야 하는 수많은 제도와 시스템'은 자본주의 국가들이 더 많이 수용했다. 자본주의라는 것이 앞에서도 이야기한 것처럼 잘못을 수정하고 더 나은 상태로 진화하려는 강력한 본성을 지닌 시스템이기 때문에 그게 가능했다.

그런데 정작 카를 마르크스의 주장을 전폭적으로 수용했다고 주장한 지난날의 공산주의 국가는 그런 것이 없었다. 나는 지금까지의 공산주의 국가들이 마르크스의 주장을 교조적으로 수용했을 뿐이고 정치꾼들의 권력다툼의 한 양상일 뿐이라고 생각한다. 나는 기본적으로 마르크스가 꿈꾸었던 공산주의 국가가 지구에서 한 번도 실현된 적이 없었다고 생각한다. 지난 세기 내내 지속했던 거대한 실험인 공산주의는 마르크스의 생각 중에 '평등' 개념만 극대화해 적용한 돌연변이라고 생각한다. 70년에 걸친 그 세기적 실험이 왜 실패했을까? 인간의 본성이 평등보다는 공정성에 더 기울어져 있다는 사실을 인지하지 못한 것에 이유가 있다.

앞에서 이야기한 것처럼 자신이 어떻게 하든 결과적으로 똑같이 보상받는다는 것은 인간의 분발을 자극할 수가 없고 하향 평준화를 불러올 수밖에 없다는 사실을 몰랐던 것이다. 그래서 그 체제 아래에서는 시간이 갈수록 인당 생산성이 떨어지고 더 나은 방식을 찾아내려는 혁신의 노력이 실종될 수밖에 없었다.

소비에트 연방은 그렇게 망했고 해체됐다. 그런데 중국은 아직 안 망했고 요즘은 더 잘나가는 것 같다. 그 차이점은 무엇일까? 현대의 중국은 공산당이 일당지배를 하고 있지만 경제체제는 한국보다 더 자본주의적이다. 빈부격차가 우리보다 훨씬 크다. 명색이 공산주의 국가인데 왜 경제부문에는 자본주의 경쟁체제를 도입했을까? 그리고 그게 어떻게 가능했을까?

중국의 마오쩌둥은 1950년대 대약진 운동이라는 공산주의적인 경제발전 방식을 도입한다. 그리고 수천만 명이 굶어죽는 참사를 불러왔다. 당시 식량은 남아 있었다. 그런데 중앙집권적인 행정으로 일부 지역에서 집중적으로 아사자가 속출했다. 그런데도 중앙정부는 그 사실을 몰랐다. 그 이후에도 마오쩌둥은 문화혁명이라는 말도 안 되는 정치공작으로 중국의 경제를 말아먹었다. 그리고 1976년 사망했다. 새로운 길이 열렸다. 그 과정에 놀라운 실험이 하나 있었다.

"살아도 같이 살고 죽어도 같이 죽자!"

1978년 11월의 어느 저녁 안후이 성 봉양현 소강촌의 108가구 중 18가구가 생사장生死狀에 붉은 손도장을 찍었다. 그들은 적발되면 사형당할 수도 있는 짓을 모의하고 있었다. 그들이 집단노동을 하고 평등하게 생산물을 분배받게 돼 있는 인민공사의 농지를 식구 수대로 몰래 나누고 가구별로 농사를 짓기로 결의했다. 그리고 각 가구가 생산한 것은 각자가 가져가기로 결의했다.

한 해가 지난 1979년 가을 놀라운 수준의 성과가 나왔다. 작년에 18가구가 공동으로 농사를 지을 때 수확은 총 18톤이었지만 각자가 알아서 농사를 지었을 때 수확량은 66톤이었다. 그 지역은 워낙 척박한 지역이었기 때문에 20년 넘게 국가로부터 구제 양식을 추가로 지원받아 연명했다. 그런데 그 해에는 실컷 쓰고도 남은 3.2톤을 국가에 헌납할 수 있었다. 그 소문이 사방으로 퍼져 나갔고 난리가 났다. 너도나도 이런 제도를 도입하려고 눈이 벌게져서 설쳤다. 공산당이고 뭐고 눈에 보이는 것이 없었다.

1979년 안후이 성의 18가구에 관한 이야기가 새로 집권한 덩샤오핑의 귀에 들어갔다. 덩샤오핑은 마오쩌둥과는 완전히 다른 경험이 있었다. 그는 16세인 1920년에 프랑스로 유학을 떠났다. 가난한 고학생으로 낮에는 공장에서 일하고 밤에는 공부했다. 당시 유럽을 지배하던 원시적인 자본주의의 야수성에 반감을 품게 됐고 20세가 되는 해인 1924년 공산당에 입당했다. 그는 철저한 공산주의자였지만 프랑스 유학기간을 통해서 경쟁이 불러오는 생산성의 힘을 온몸으로 느낀 적이 있었던 것이다.

그는 안후이 성에 사는 그 발칙한 농민들의 사례가 무엇을 의미하는지를 알았다. 개인에게 경제적인 이익을 추구할 기회를 주는 것, 자기가 노력한 것만큼 가져가도록 하는 것. 거기에 그들이 살아날 해법이 있다는 사실을 깨달은 것이다.

중국의 개혁개방. 그것은 획일적인 평등에서 탈피하고 공정성을 경제운영의 기반으로 삼는다는 것이다. 그들은 문을 연다. 그리고 성공의 길로 질주한다. 자신이 노력한 만큼 가져갈 수 있다는 것이 공정성이라면 그 공정성이라는 동전의 뒷면에는 자유로운 경쟁이라는 가치가 있다. 경쟁은 피할 수 없다. 그러니 피할 수 없다면 즐겨라. 성취감이라는 인생의 행복은 경쟁이 공정함과 연결될 때만 얻을 수 있다.

경쟁은 불편하지만 아름다운 것이다

비단 중국의 사례가 아니더라도 자본주의라는 제도가 그나마 나은 제도인가를 확인하는 또 다른 방법이 있다. 모든 과학은 '통제된 실험'을 통해서 확정받아야 이론이 될 수 있다. 그 '통제된 실험'이라는 개념에 대해서 알아보자.

자연과학과 달리 사회과학의 영역에서는 특정 현상에 미치는 원인이 늘 복합적이다. 하나의 원인이 하나의 결과를 가져오는 자연과학의 세계와는 매우 색다른 학문 영역이다. 그래서 사회과학을 하는 학자들은 머리가 복잡할 수밖에 없다. 특정 원인 A가 특정 원인 B에 영향을 미친다는 사실을 증명하기 위해서는 B에 영향을 미칠 수 있는 C, D, E, F 등이 모두 B에 영향을 미치지 못하도록 통제해야 하기 때문이다.

사회과학에서는 이게 쉽지 않다. 그런 통제환경을 만들기 위해서는 우리 사회 일부를 실험실로 옮겨두어야 하는데 대명천지에 그게 가능하겠는가? 그래서 사회과학자들은 실험보다는 사후 관찰의 방법을 많이 쓴다. 다른 조건은 모두 똑같은데 특정 원인 A만 다른 사회적 샘플을 찾기 위해서 무던히 애를 쓴다.

그럼, 자본주의 효과가 경제발전에 더 뛰어난 방식인가에 대한 실험은 어떻게 할 건가. 경제발전에 미치는 영향은 민족성, 역사적 배경, 기존의 경제 활동 때문에 발생한 자본 축적 정도와 보유하는 기술력의 차이에서도 발생한다. 그런 부분이 모두 통제된 상태에서 경제발전에 미치는 자본주의 시스템만의 효과성을 검증할 수 있는 실험실은 어디에 있을까?

전 세계에 그런 곳이 딱 하나 있다. 같은 민족이고 같은 역사적 배경을 가지고 있고 전쟁이 끝나고 나서 잿더미에서 똑같은 시간에 출발했다. 둘 다 돈이 없었고 기술력도 없었다. 머리 좋은 사람은 이미 눈치챘겠지만 바로 우리다. 남과 북은 똑같이 식민지 시절을 거쳤고 똑같이 전쟁을 벌였고 똑같이 피폐한 환경에서 출발했다.

전쟁이 끝난 후 냉전시절 내내 자신들 시스템의 우위성을 증명하고 싶어하는 미국과 소련의 경제적인 지원을 받은 점도 똑같다. 그리고 1인 독재에 가까운 권위주의적인 정치인에 의해서 통치된 세월도 유사했다. 유일한 차이점은 자본주의와 공산주의라는 시스템 밖에 없었다. 그리고 60년의 세월이 흘렀다. 어떻게 됐는가?

경제적인 성과는 비교할 수 없을 정도로 벌어졌다. 그리고 그 차이는 지금도 계속 벌어지고 있다. 바로 우리가 사는 이 땅, 바로 당신들이 자본주의라는 시스템이 가지는 우위를 증명하고 있다. 평등지향보다 공정지향이 훨씬 우위에 있다는 사실을 우리 자신이 증명하고 있다.

현재 우리의 경제방식이 불편한가? 사실 불편한 점이 있다. 그러나 확실히 과거보다는 좋아지고 있고 문제가 있으면 언제든지 변화를 받아들이고 수정하는 높은 개방성을 가지고 있다는 점은 분명하다.

여러분이 생각하기에 앞으로 우리의 삶이 더 힘들어질 것 같은가? 물론 지금까지 그랬듯이 여러 가지 위기 요소들이 우리의 앞에 계속 나타날 것이다. 그런 위기들이 극복하기 어려운 난국으로 우리를 끌고 갈 것 같은가?

이 질문에 그렇게 생각한다면 여러분도 자원한계론에 갇혀 있다고 봐야 한다. 인간은 생각보다는 탁월한 존재이고 한국인은 평균적인 인간보다 더 탁월하다. 우리 한국인은 지금까지 수많은 위기를 극복하며 여기까지 왔다. 그리고 앞으로도 더 뛰어난 아이디어를 내놓을 것이고 그것을 기반으로 다가올 위기를 훌륭하게 극복할 것이다.

그래서 경쟁은 불편하지만 아름다운 것이다. 경쟁이 있어야 어려움을 이겨내고 성공했다는 성취감이라는 행복도 느낄 수 있다. 그렇게까지 설명했는데도 경쟁이 싫은가? 경쟁이 없었으면 좋겠는가? 정 그렇다면 걱정하지 마라. 어느 정도 시간이 흐르면 여러분도 경쟁이라는 것이 전혀 없는 단계에 들어갈 수 있다. 바로 여러분 모두의 앞에 예정된 '죽음'이다.

여러분은 죽음 이후에는 엄청나게 긴 세월, 끝도 없는 긴 세월 동안 경쟁이 없는 그 세상에서 아주 아주 평등하게 푹 쉴 수 있다. 그러니 여러분의 심장이 뛰는 동안에는 경쟁을 받아들이고 즐겨라. 다가오는 도전을 받아들이고 그것을 극복하기 위해서 적극 응전하는 것, 그리고 경쟁을 받아들이고 이기려고 애쓰는 것은 내가 아직 살아 있다는 또 하나의 징표이다. 그래서 경쟁은 아름다운 것이고 삶이란 게 행복한 것이다.

질문 7

Why have to study?
왜 공부해야 하는가?

당신은 몇 살까지 살 것 같은가? 많은 사람에게 이 질문을 던져보면서 대답이 이상하게 극단으로 나뉜다는 사실을 알게 됐다. 대략 70퍼센트의 사람들은 80세 전후로 답하고 30퍼센트는 100세로 답했다. 90세를 말하는 사람은 거의 없다. 90대에는 사람들이 사망하지 않는다고 생각하는 걸까?

내가 생각하기에는 자신의 남은 인생에 대해서 한 번이라도 진지하게 생각해본 사람과 그런 경험이 없는 사람과의 차이점인 것 같다. 그건 그렇고 당신은 어떨 것 같은가? 몇 살까지 살 것 같은가? 80세까지 살 것 같다고 대답한 사람에게 무슨 근거로 그렇게 생각하느냐고 물어보았더니 일반적으로 한국인의 평균수명이 그렇지 않으냐고 대답한다.

한국인의 평균수명은 2012년 기준으로 여성은 84.4세이고 남성은 77.3세다. 뭐, 그렇다면 그 친구의 대답이 틀리지는 않았다. 그러나 우리는 그 평균수명이라는 개념의 오해를 좀 알아야 한다. '평균수명'은 전년도 사망자 나이의 평균으로 이해하면 된다. 어려서 병으로 죽든 젊어서 교통사고로 죽든 그 모든 사망자 나이의 평균이다. 그렇다면 태어나자마자 죽은 영아는 평균수명을 엄청나게 깎아먹는다는 말이 된다.

얼마나 오래 살까를 생각할 때 교통사고와 같은 비명횡사는 계산에 넣지 않는 게 일반적이다. 나이가 들어서 노쇠해서 죽는 걸 생각한다. 그런 식이라면 평균수명이 아니라 '최빈사망연령'을 살펴봐야 한다. 최빈사망연령은 한국인이 가장 많이 사망하는 나이가 몇 살이냐는 뜻이다. 쉽게 말하면 늙어서 신체 기능이 나빠지고 노쇠해져서 병에 걸려 죽는 나이의 평균이 몇 살인가라는 뜻이다.

현재 한국인의 최빈사망연령은 87세이다. 그러면 지금은 87세까지는 살 수 있겠구나 하는 게 맞다. 그런데 고려해야 할 사항 중 하나 빠진 것이 또 있다. 최빈사망연령이 최근 2년마다 1세씩 증가하고 있다는 점이다. 전문가들은 2020년이 되면 한국인의 최빈사망연령이 90세를 돌파할 것이라고 이야기한다.

그렇게 되면 계산이 복잡해진다. 지금 당신의 나이가 35세라고 치자. 당신이 나이가 들어감에 따라 최빈사망연령은 지속해서 뒤로 후퇴할 것이다. 그러면 일단 현재 최빈사망연령의 후퇴속도를 기준으로 여러분이 늙어서 죽으려면 몇 살이 돼야 할까? 우선 지금의 최빈사망연령인 87세에서 35세를 빼면 52년이 남았다. 그래서 당신이

52년을 더 살고 나서 87세가 돼서 '아, 이제 죽을 때가 됐구나.' 하고 준비를 하는데 아뿔싸 그 사이에 무려 최빈사망연령이 26세나 뒤로 밀려서 113세가 됐다.

이걸 어쩌나. 좀 더 살아야겠네. 그래서 113세에서 87세를 빼면 26년이다. 다시 26년을 살아간다. 그래서 113세가 돼서 이제 죽어야겠다 생각했는데 아뿔싸 그 사이에 13년이나 또 뒤로 밀렸네…….

계산이 너무 복잡하다. 나같이 수학이 무작정 싫은 사람은 이런 계산 딱 싫다. 그러나 수학이 좋든 싫든 이 계산에서 한 가지 분명한 점은 이거다. 우리는 100세는 충분히 넘기며 살 거라는 점이다.

아까 나는 80세 정도는 살겠다고 이야기한 사람은 인생에 대한 계획을 완전히 다시 해야 한다. 그런 생각을 한 사람의 인생계획은 아마 그랬을 것이다. 이번에 정년이 늘어나니 한 60세까지 직장에서 현역으로 살며 부지런히 은퇴자금을 모으고 은퇴한 후에는 한 20년 정도 노년의 은퇴생활을 즐기면서 사는 것이다.

그런데 무려 100세까지 살게 되면 어쩔 건가? 40년을 은퇴생활로 보낼 건가? 아무 일 없이 소일하면서? 인생의 거의 절반에 육박하는 세월인데? 그리고 애 키워서 대학 보내고 시집 장가보내는 데 돈을 다 쓰고 나서 40년을 아무 일 없이 먹고살 노후자금을 어떻게 모을 작정이신가? 왜? 지금 생각해보니 완전히 갑갑해지는가? 이런 이야기를 하면 혹자는 이렇게 말한다.

"지금 당장 먹고살기도 죽을 지경인데 수십 년 뒤를 어떻게 내다봅니까? 뭐 어떻게 되겠지요."

그런데 나도 살아보니까 그게 아닌 걸 알게 됐다. 정말 순식간에 획~ 하고 세월이 지나가 버린다. 여기까지 이야기하면 내가 무슨 연금보험 관련한 보험회사 직원처럼 보일 수 있다. 하지만 다른 차원에서 이 문제를 생각해야 한다. 앞으로 당면할 문제가 은퇴자금만이 아니라는 점이다.

무려 인생의 절반에 육박하는 40년 이상의 세월을 아무 일 없이 어떻게 지낼 작정인가? 그 길고 긴 시간을 매일 등산이나 하고 노인정에 가서 장기나 두면서 보낼 생각인가? 그러기에는 내 인생에 허락된 그 시간이 너무 아깝다는 생각이 들지 않는가?

인생 3단계론

그래서 나는 여러분의 장기 인생계획을 이렇게 조정하라고 권하고 싶다.

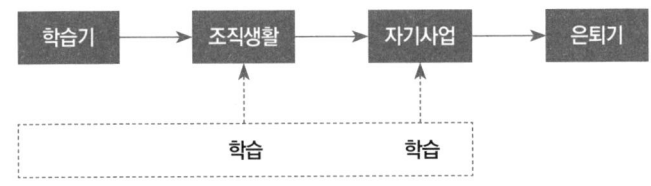

학교라는 교육기관에서 학습하는 세월을 약 30년, 대기업과 같은 경제적인 조직에서 한 30년, 그리고 자기가 원하는 사업이나 일을 하면서 세상에 이바지하면서 사는 세월을 한 30년. 그리고 10년

정도의 은퇴기를 가지라는 것이다. 내 제의의 핵심은 인생의 단계를 그렇게 나누어서 계획하라는 것뿐만 아니라 그 시간 내내 다음 단계를 위한 학습을 지속해야 한다는 것이다. 세상이 너무 빠르게 바뀌고 있으니 알고 있는 지식과 기술이 금방 낡을 수밖에 없다. 변화하는 속도에 맞추어서 내 지식과 기술도 계속 새롭게 업그레이드해야 사회적 가치를 유지할 수 있다.

사람들은 공부라고 하면 꼭 책상에 앉아서 하는 걸로 생각하고 얼굴부터 찌푸린다. 그런데 진짜 공부가 무엇인지 아는가? 중국무술 영화에서 주인공들은 '쿵후'라는 무술을 한다. 그 쿵후가 한문으로 뭔지 아는가? 바로 공부工夫다. 그런데 왜 무술에 공부라는 말을 쓸까? 몸을 단련하고 더 나은 기술을 익히는 것이 모두 공부의 영역에 들어간다는 말이다. 공부에서 정말 중요한 것이 책이지만 책에서만 모든 것을 배우는 건 아니다.

요즘 우리가 공부 대신 흔히 쓰는 '학습'이라는 단어는 공자가 쓴 『논어』의 첫 대목에 '배우고 때로 익히면 즐겁지 아니한가學而時習之不亦說乎'에서 나오는 '배울 학學'과 '익힐 습習'에서 나왔다. 학습이란 책이나 스승을 통해 배우는 것과 현장에서 응용해보면서 익히는 활동을 모두 아우르는 단어다. 학學이라는 단어는 어린아이가 책을 앞에 놓고 앉은 모습을 묘사한 글자다. 이론 학습이란 말이다. 습習이라는 것은 아직 어려서 털이 하얗고 보송보송한 어린 새가 날갯짓을 연습하는 모습을 묘사한 것이다. 배운 것을 흉내 내보고 응용하는 것을 말한다. 영어에서도 이론적인 연구나 공부를 가르치는 스터디Study와 아는 것을 응용해보거나 기술이나 노하우를 배우는다는 런Learn이라는 단어가 따로 있다.

동서양 모두가 학교공부만 공부가 아님을 분명히 하는 것이다. 그런데 우리는 공부라고 하면 책상에 앉아서 책을 보는 것만 생각한다. 학교뿐만 아니라 기업과 같은 경제적인 조직도 매우 중요한 '학습터'이다.

학교에서는 '학'의 비중이 더 크고 '습'의 비중은 작다. 학교에서는 장차 사회에 나가서 경제적 독립체로 우뚝 서는 데 필요한 기본적인 지식을 배우는 것이다. 그리고 진짜 현장학습은 기업에서 이뤄진다. 그래서 기업과 같은 학습터는 '습'의 비중이 더 크다.

기업에서는 집중적으로 특정 목적을 달성하기 위한 조직 구성법을 배운다. 조직 내에서 업무를 분담하며 각자가 맡은 업무가 체계적이고 유기적으로 돌아갈 수 있도록 관리하는 기술을 배워나가는 것이다. 소위 조직을 이용해 성과를 내는 방법을 배우는 것이다. 그래서 기업의 학습은 실용지식의 측면이 더 강하다.

그렇다고 요즘 기업조직에서 이뤄져야 하는 학습에서 '학'의 비중이 작은 것만은 아니다. 변화가 극심하지 않았던 과거에는 어땠는지 모르겠지만 자고 나면 새로운 지식이 쏟아져 나오는 현실에서는 지금 가진 이론적 지식으로 30년을 무사히 써먹기는 애당초 틀렸다. 부지런히 새로운 이론과 지식을 습득해나가야 한다.

그렇게 학교에서 이론과 지식을 배우고 기업에서 일하는 운영방법을 배운 다음에는 학습해놓은 그 모든 것을 활용해서 사회에 이

바지할 나만의 일을 찾아야 한다. 이 단계에서는 자녀 교육도 다 끝났고 분가도 했을 거고 더 많은 돈을 벌기 위해서 매달려야 하는 것도 아니다. 내가 가진 지식과 경험을 통해서 우리가 사는 세상을 좀 더 아름답게 만들기 위해서 봉사하는 시간을 보내는 것이다. 물론 이 시기에도 학습은 필요하다. 사회에 이바지하고 봉사하는 30년의 세월 동안에도 외부의 지식은 진보하고 내가 가진 지식은 계속 진부화되기 때문이다.

사는 게 다 공부다

공부할 시간이 도저히 없다고? 지금 내 앞에 산적한 일들을 해치우기에도 하루가 부족하다고? 매일매일 내 앞으로 인해전술을 펼치는 중공군처럼 죽여도 죽여도 일들이 계속 몰려온다고? 그렇게 숨쉴 틈도 없다고? 내가 보기에는 전혀 그렇지 않다. 여러분이 직장에서 보내는 시간은 선배들보다 확실히 줄어들었다.

아니라고 생각하는가? 일단 통계청의 통계 수치를 통해서도 한국인의 연평균 근로시간이 계속 줄어들고 있다는 것을 확인할 수 있다. 그리고 기본적으로 근로제도 자체도 많이 바뀌었다. 지금은 주 5일제(40시간제)이다. 내가 신입사원 때는 토요일 오전에 정상 근무를 했다(44시간제). 물론 토요일도 오전으로 끝나는 게 아니었고 눈치껏 오후 늦게까지 일을 했다.

얼마 전 부서회식 때 어린 후배들에게 나는 44시간제도 겪었고 토요일도 출근했다고 큰소리치고 있었다. 그런데 점잖게 앉아계시던 보스가 자신이 신입사원 때는 주 48시간제도 경험했다고 해 나를 한 방에 눌러버렸다. 당시에는 토요일도 평일처럼 저녁 늦게까지 근무했다는 말이다. 그런 세상이 있었단 말인가? 나중에 자료를 찾아보니까 토요일 전일제 근무는 1989년부터 바뀌어서 토요일 오전 근무제로 바뀌었다. 그리고 주 5일제 근무제는 2004년부터 도입됐다.

일단 다른 거 다 제쳐놓고 근무제도만 봐도 그렇지 않은가? 여러분은 선배들보다 훨씬 유리한 환경에 서 있다. 그러니 불평하지 말고 자신을 성장시키는 데 시간을 투자하라. 이 글을 쓰는 지금이 토요일 오전이다. 사무실이 아무래도 글쓰기가 좋아서 앉아 있는데 바깥에는 직원이 아무도 없다. 내 파트너들은 뭐 하고 있을까? 최소한 이 시간은 선배들보다 기회로 활용할 수 있지 않은가? 불평하지 마라. 세상은 계속 좋아지고 있다.

강철왕 카네기의 3단계 인생

철강왕 앤드루 카네기는 1835년 스코틀랜드에서 가난한 직공의 아들로 태어났다. 그는 아버지를 따라 미국으로 이주한 후에 어린 시절부터 철도회사 직원으로 취직해 돈을 벌어야 했다. 그 회사에서 일하는 방법과 사업에 대해서 많은 것을 학습한 후 독립해서 키스톤 교량회사를 1863년에 설립했다. 경영자가 된 것이다.

사실 그가 정규교육을 받은 것은 겨우 4년에 불과했다. 겨우 읽고 쓰는 수준이었을 것이다. 그러나 그는 시간이 날 때마다 도서관에서 책을 빌려 읽으며 독학을 계속했고 평상시에 글쓰기를 좋아해서 10대부터 신문에 자주 기고를 했다. 그렇게 바쁜 사업가의 삶을 사는 와중에도 평생 8권의 책을 저술해서 남겼다. 한번 주어진 인생을 정말 알차게 보내고 간 분이다.

그는 1900년에 출간한 저서 『부의 복음The Gospel of Wealth』에서 인생에 단계에 대해서 놀라운 이야기를 전해준다. 그는 113년 전에 지금 내가 하려는 이야기를 이미 한 것이다. 그는 그 책에서 "인생의 3분의 1은 교육에, 3분의 1은 돈을 버는 일에, 3분의 1은 가치 있는 대의에 써라."고 썼다. 그리고 그는 말에 그치지 않고 실제로 그런 인생을 살았다.

그 책을 쓴 다음 해인 1901년 미국에서 가장 잘나가고 있던 자신의 사업체를 당시 금융계의 거물이었던 J. P. 모건에게 팔아버린다. 매각 대금은 무려 4억 9,200만 달러다. 당시 일본 정부의 1년 예산이 1억 3,000만 달러였으니 그 규모가 어느 정도인지 이해가 갈 것이다. 그리고 그 돈을 모두 털어서 다음 해인 1902년에 카네기 재단을 설립한다. 그는 재단 운영도 그간에 철강사업을 해오던 방식처럼 저돌적으로 했다.

그는 먼저 도서관에서 공부하면서 부족한 지식을 채우고 인생의 많은 성취를 얻었다는 점에 감사하고 공공 도서관 3,000개를 지어서 미국 사회에 기부한다. 그리고 미국 전역의 교회에 파이프 오르간 7,000개를 기증한다. 그리고 카네기-멜론 대학의 전신인 카네기

과학연구원과 기술원, 시카고 대학을 포함한 종합대학 12개, 단과대학 12개를 지어서 기증한다. 그런 과정에서 그는 평생 모은 돈의 90퍼센트를 사회에 환원한다.

카네기는 열심히 일해서 돈을 모으고 모은 돈을 죽기 전에 사회에 기부했다. 그의 행보는 미국의 자수성가한 기업가들의 모델이 된다. 카네기에 이어서 1913년 록펠러 재단과 1936년 포드 재단의 설립이 이어진다. 그리고 그런 흐름은 오늘날의 빌 게이츠까지 이어졌다. 물론 그가 사업을 경영하면서 여러 가지 냉혹한 의사결정을 해서 물의를 일으키고 사회적 손가락질을 받았던 것도 사실이다. 하지만 18세기 스코틀랜드식 사고방식으로 19세기를 살아간 사람을 21세의 사고방식으로 평가하고 비난하기는 어려울 것 같다.

내가 여기에서 카네기의 삶을 통해서 여러분에게 하고 싶은 말은 그의 비즈니스도 자선사업도 아니다. 그가 인생을 3모작으로 살았다는 점이다. 물론 우리 같은 보통사람들이 카네기처럼 엄청난 부를 축적할 수야 없다. 그래도 내가 주장하고 싶은 것은 100세 시대를 살면서 우리가 직장에서 은퇴한 이후인 3모작 단계에서는 자신이 그동안 사회생활을 통해서 축적한 재능을 활용해 사회의 가치 있는 대의에 이바지하는 삶을 살라는 것이다. 그것을 통해서 당신이 이 지구에 살았다는 마지막 흔적을 남기라는 말이다.

그러기 위해서는 인생 2단계에서 그런 삶을 미리 예견하고 열심히 일하고 열심히 공부해서 나중에 그런 일을 하는 데 필요한 기능을 사전에 충분히 확보해두라는 말이다. 그리고 노후대책도 그렇다.

과거의 우리 선배들처럼 은퇴자금을 모아놓고 그것을 통해 노후생활을 영위하겠다는 생각은 이제 현실성이 부족하다. 앞으로도 한동안은 금리가 크게 오르지 않을 것이다. 일정 자금을 은행에 예치한 후에 이자수익을 통해 노후생활을 영위하기 어렵다는 말이다.

현재처럼 금리가 2퍼센트 내외로 유지된다면 월 100만 원의 이자수익을 내기 위해서 얼마 정도의 원금이 있어야 할 것 같은가? 무려 6억 원이 있어야 한다. 물론 그 이자수익 100만 원에서 이자 소득세도 빼야 한다. 그리고 30~40년 동안 점진적으로 물가가 인상되면서 그 종잣돈인 6억 원의 가치와 이자수익의 가치도 계속 떨어진다는 점을 고려해야 한다. 참고로 지금 4,000원 내외인 짜장면이 40년 전에는 30원이었다. 무려 100배 이상의 인플레이션이다.

또 상가 같은 부동산을 구매해서 임대수익으로 생활하겠다고 생각하는 사람이 있는데 인구가 줄어드는 미래시대에 부동산의 가치가 어떻게 될 것인지는 여러분이 더 잘 알 것이다. 부동산 가치의 향후 동향에 대해서 다른 의견이 있는 분도 있는데 나는 아니라고 본다. 수요와 공급으로 시장가치가 결정된다는 진리는 부동산 시장에서도 통하게 마련이다. 부동산을 소비할 인구 자체가 줄어들고 있는데 가격이 올라갈 수 있겠는가? 절대 아니라고 봐야 한다.

우리가 이런 자산 디플레이션 상황에서 할 수 있는 유일한 노후대책은 평생을 현역으로 살아가는 것이다. 더구나 인구가 줄어들지 않는가? 인구가 줄어든다는 것은 노동력의 공급이 줄어든다는 것이고 수요와 공급의 원칙에 의하면 자연스럽게 사람값이 올라갈 거라는 뜻이다.

그러나 어떤 사회에서도 체력이 떨어지고 건강이 악화된 노년에게 완전한 현역으로 살 기회를 제공하지는 않는다. 그래서 내가 잘하는 것으로 사회에 봉사도 하면서 적당한 수입을 얻을 수 있는 일을 찾을 것을 권한다. 그 방법을 어떻게 찾아내고 준비하는가는 바로 여러분이 지금 다니는 직장 속에 있다.

천상병 시인이라고 계셨다. 젊은 시절 천재라고 불리던 분이었는데 모난 돌이 정 맞는다고 군사독재 시절에 죄도 없이 심한 고문을 당했다. 그 이후 후유증으로 신체적·정신적으로 문제가 생겨서 정신병원에도 입원했고 아이를 낳을 수 없는 몸이 됐다. 그리고 돌아가실 때까지 후유증으로 고생했다. 그분은 20년의 세월이 흐른 후에 「그날은 새」라는 시를 통해서 자신이 당했던 고문의 기억을 반추하며 '아이롱(다리미) 밑 와이셔츠같이 당'했다고 회고했다.

그분은 주목받던 천재였음에도 암울한 시대에 태어나 억울하게 고문을 당해 평생 불구의 몸으로 살아야 했다. 그런 상황에서도 시인은 자신의 인생이 '소풍'이고 하늘로 돌아간 후에 '아름다웠다'고 말하겠노라고 노래했다. 시인이 돌아가신 후 미망인 목순옥 여사는 인사동에서 그분의 시 제목인 '귀천'이라는 이름의 찻집을 오랫동안 운영했다.

유자차를 참 맛있게 내는 집이었다. 나는 그 유자차의 향기를 맡으며 마지막 순간에 아름다운 소풍을 즐기고 간다는 결론을 맺을 수 있는 삶을 꼭 살겠다고 결심하곤 했다. 이제는 미망인마저 소풍을 끝냈다. 그렇게 세상의 우주가 하나씩 하나씩 차례로 끝이 나는 것이다.

  지금도 나는 내 우주가 끝나는 날 꼭 아름다웠다는 말을 남기는 인생을 살기 위해 노력하고 있다. 여러분은 어떤가? 인생이 소풍처럼 아름다운가? 아니면 고추처럼 맵기만 한가? 나는 인생이란 게 소풍처럼 아름다운 것 같다.

질문 8

How should I change?
어떻게 변화해야 하는가?

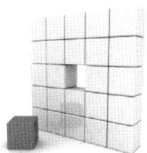

　우리가 태어나는 순간부터 변화는 시작된다. 우리는 인생에서 변화가 종결되는 시점을 '사망'이라고 부른다. 내가 변하지 않으려고 해도 변할 수밖에 없는 게 인간이다. 나를 구성하는 세포들도 매 순간 죽고 새롭게 생겨난다. 40세가 되면 태어날 때 가지고 있던 세포의 20퍼센트만 남는다고 한다. 그러면 태어날 때의 나와 지금의 나 자신이 같은 사람일까? 나는 확연히 다른 사람이라고 생각한다. 신체구성만 해도 그런데 정신세계는 어떨까? 더 심하지 않겠는가? 지금의 나와 10년 전의 나는 과연 같은 사람일까?

　어찌됐든 살아 있다는 것은 변한다는 것이다. 우리는 태어나는 순간부터 변화를 시작해서 죽음을 맞이하는 딱 그 순간까지 변화한다. 어쩌면 죽는다는 것이 평생을 지속해온 변화를 멈춘다는 의미인지도 모른다. 변화한다는 것은 어떤 과정을 겪는다는 것이다. 이 과정은 그 자체만으로도 충분한 의미가 있다.

인생을 살아가면서 맞이하는 매 순간 변화의 과정 중에서도 내 삶에 좀 더 올바른 변화의 과정이 분명히 있다. 이왕 바뀐다면 올바른 방향으로 또 올바른 과정으로 바뀌는 것이 바람직하지 않을까? 내 삶의 올바른 과정이란 오직 나 한 사람만을 위한 과정을 말한다. 그것은 다른 누군가의 삶을 따라 하지 않는 과정이다.

나는 경쟁자와 무엇이 다른가?

누군가가 '이것이 더 나은 길이다.'고 말한다고 우르르 몰려가는 그런 변화는 곤란하다. 사회 명사나 세속적으로 성공한 사람들의 말을 가져와서 자기 삶의 해답으로 삼는 것은 또 다른 내면의 갈등을 일으킬 수 있다. 대체로 그런 변화는 모든 사람에게 통용되는 범용이거나 주장하는 그 사람에게만 맞는 것일 수 있다. 나에게 딱 맞는 변화가 아닐 가능성이 높다는 말이다. 아마존의 CEO 제프 베저스가 인터뷰에서 "경쟁자와 10퍼센트만 달라도 매출은 9배가 달라진다."고 했다. 그런데 우리는 자꾸 남들과 같아지려고 한다. 저 사람이 했으니 우리도 하자. 그래서는 차별점을 못 만드는 것이다.

여기서 올바른 방법과 더 나은 방법을 구분해서 생각해야 한다. 더 낫다는 변화는 대체로 이익과 손해라는 결과를 기준으로 판단하는 경우가 대부분이다. 반면 올바른 방법이란 손익계산을 떠나 자신이 옳다고 생각하는 것을 따라가는 변화다. 그런데 문제는 자신이 누구인지 잘 모르는 사람은 올바른 방법을 알기 어렵다는 점이다.

보통사람들은 자신이 누구인지 자신이 무엇을 원하는지 모르니까 남들이 좋다는 말에 별 고민 없이 그게 좋은 것으로 생각해버리는 잘못을 택한다. 잘 알지도 못하는 사람을 사랑할 수 없는 것과 마찬가지로 나 자신을 잘 알지 못한 상태라면 어떻게 그런 자신을 인정하고 사랑하고 더 좋은 상태로 변화시키는 것이 가능하겠는가?

당신은 변화하고 싶은가? 더 좋은 쪽으로 당신의 인생을 바꾸고 싶은가? 그렇기는 한데 맨날 작심삼일인가? 어떻게 하면 자꾸만 나태와 게으름에 굴복하고 마는 이 지긋지긋한 인생을 바꿀 수 있을까? 누가 이런 방식을 추천했다. 자꾸만 작심삼일에 굴복하게 된다면 이틀에 한 번씩 결심을 하면 된다고. 참 속 편한 방법이다. 이렇게 바쁜 세상에 무슨 결심을 그렇게 할 수가 있나.

돌아가신 구본형 선생이 생전에 좋은 말을 많이 했다. 그런데 좋은 말이란 건 누구나 다 할 수 있다. 말한다는 것이 돈 안 드는 것인데 누구든 '좋은 말씀이라는 구라'는 떨 수 있다. 그런데 내가 구본형 선생을 존경하는 이유는 그분이 좋은 말을 하기 전에 자신이 먼저 실천해보고 그것이 괜찮다고 생각이 들면 주위에 추천하고 주위 사람들에게도 괜찮다고 판단될 때 글을 써서 추천했다는 점이다. 그래서 그분의 말씀이 '구라'가 아닌 '진심'이 되는 것이다.

당신도 변화하고 싶은가? 나도 구본형 선생처럼 내가 경험으로 검증한 변화의 방법을 이야기하겠다. 변화의 가장 큰 적은 역시 나태와 게으름이다. 나태와 게으름은 돌고 돌아서 반드시 다시 찾아온다. 우리가 사람이기 이전에 동물이기 때문에 어쩔 수 없다. 그리고 인간은 세렝게티에서 축적된 본성상 무엇을 바꾸는 것을 싫어하게 돼 있다. 그 나태와 게으름은 인간의 결심을 작심삼일이 아니더라도 작심 30일, 작심 석 달로 종결시키려고 집요하게 접근한다.

그래서 변화는 작심만으로는 부족하다. 그런 나태와 게으름을 이겨내고 변화를 지속시키는 방법은 일상에서 변화의 플랫폼을 만드는 수밖에 없는 것 같다. 변화의 플랫폼이 뭐냐고 계속 묻던데 행동 계기 혹은 행동의 방아쇠Action Trigger라고 하면 이해가 더 쉬울 수도 있다. '특정한 상황적인 계기에 도달하면 특정한 행동을 하겠다는 사전 계획'이라는 뜻이다.

내가 플랫폼이라는 용어를 선택한 것은 아침마다 지하철을 타고 다니며 얻은 힌트 때문이다. 내가 사무실에 출근하기 위해서는 고속터미널역에서 갈아타야 한다. 나는 3호선을 타고 오다가 "고속터미널입니다."라는 안내가 나오면 무조건 내려서 9호선으로 갈아탄다. 이 행동에는 다른 대안이 없다. 고속터미널역 도착은 무조건 갈아타는 행동으로 연결돼야 한다. 이게 바로 플랫폼이다.

가령 월요일 아침에는 하늘이 무너져도 반드시 무엇을 한다는 결심이 여기에 해당한다. 월요일 아침이라는 플랫폼에 도달했을 때 무조건 그 행동을 하는 것이다. 그렇게 하면 유혹이나 경합할 수 있는 다른 목표들을 쉽게 이기고 처음 목표를 지키도록 큰 힘을 줄 것이다. 그렇게 플랫폼을 설정하고 일단 시작만 하면 다음 단계는 뇌가 알아서 그 일을 완료하도록 이끌어준다. 옛말에 시작이 반이라고 했는데 맞는 말씀인 것 같다. 일단 변화가 시작되면 뇌는 또다시 변화된 상태를 바꾸기 싫어한다.

그리고 나태와 게으름의 문제를 극복하기 위해서는 변화계획과 플랫폼을 주변에 알려라. 그러면 자신의 공언을 안 지킨다는 사실 때문에 창피하기 싫어서라도 그 변화상태를 유지할 수밖에 없게 된다. 내 마음속에 있는 '체면'이나 '쪽팔림에 대한 두려움'이라는 동력을 활용하기 위해서 외부의 힘을 빌리는 것이다.

모든 변화전문가가 변화 결심을 외부에 알리는 것이 상당한 효과가 있다고 조언하고 있다. 그럼에도 사람들은 변화를 외부에 알리기를 꺼린다. 아직 완결된 변화도 아닌데 공연히 떠벌리는 것이 민망하거나 잘난 척한다는 시선이 두려워서 그러는 측면도 있겠지만 결정적인 이유는 내가 나중에 그 변화에 실패하면 일어날 수 있는 주위 사람들의 비웃음 때문이다. 그런 사람은 아직 변화에 대한 절박함이 없다는 이야기이다. 변화를 위해서는 먼저 지푸라기라도 잡아야겠다는 절박함이 선행돼야 한다. 그래야 플랫폼이든 외부 힘의 조력이든 생기는 것이다. 그럼 내가 플랫폼의 힘을 빌려서 변화를 끌어낸 몇 가지 순간과 방법들을 소개하겠다.

행동의 방아쇠 플랫폼

첫 번째는 누구나 다 실패한다는 비만의 문제였다. 나는 한때 173 센티미터의 키에 80킬로그램 중반을 훌쩍 넘는 비만이었다. 내가 봐도 이건 해도 너무 하다는 생각이 들 정도였다. 젊어서 체력이 팔팔할 때는 그나마 버틸 만했지만 나이가 들수록 무거운 지방을 몸에 붙이고 다니는 것이 점점 힘들어졌다. 1년에 한 번 하는 종합신체검사 때마다 내 몸이 걸어 다니는 종합병동이나 좀비로 판정받는 것도 지겨웠다. 그때마다 의사들 말에 따르면 이런 상태로 아직 살아 있는 내 몸뚱이가 의학적 실험 가치가 충분히 있었다.

그러던 어느 날 아침 거울을 들여다보니 웬 낯선 돼지 한 마리가 서 있었다. 그 순간 돌이킬 수 없을 정도로 나 스스로에게 완전히 질렸다. 이건 정말 아니라는 생각이 들었다. 그래서 나를 리빌딩하기로 작정했다. 한약도 먹어보고 양약도 먹어보고 운동도 해보고 그야말로 별짓을 다 했다.

그러나 내 노력의 끝은 항상 '요요'라는 결론으로 끝났고 한 번의 시도가 실패할 때마다 평균체중은 조금씩 더 늘었다. 나름 독하게 노력했다. 그러나 결론은 늘 같았다. 주변으로부터 나름 성격이 독하다는 평가를 많이 받는 편인데 비만은 독한 것만으로는 잘 안 됐다.

나는 워낙 맛있는 음식을 좋아하는데다가 사람 만나는 걸 좋아하는 편이라 매일 저녁마다 약속이 있었다. 좋은 사람들을 만나니 반주는 늘 기본이다. 맛없는 음식은 죄악이라는 신념을 지니고 있기에 안주는 늘 맛있는 걸로 선택한다. 사람이 맛있다고 느끼는 대부분은 지방, 소금, 설탕, 또는 단백질이 주는 감칠 맛(글루탐산)으로 연결된다. 모두 체중에는 치명적인 요소들이다. 그러니 내가 살이 안 찌겠는가. 거기다가 안주가 맛이 있으니 반주는 더 당기고 반주를 더 마시니 안주는 더 당기게 마련이다. 그러다 보니 뱃살은 자꾸만 늘어나서 팽팽하게 당기게 된다. 당기고 또 당기는 것의 연속이다.

나는 맛있는 걸 찾아다니며 먹는 것을 삶의 중요한 즐거움이라고 믿는 편이다. 그래서 누구보다도 맛집을 많이 알고 있다. 알고 있는 정도가 아니라 그 맛집 사장님들이 내 얼굴을 다 안다. 얼마나 자주 갔으면 그럴까. 지금까지 세상의 모든 지방질이 나를 사랑할 수밖에 없는 삶을 살아온 것이다. 그리고 나는 체질적으로 아침에 집중력이 좋은 편이라서 일곱 시 전후에 사무실에 나와서 집중적으로 업무를 처리하는 편이다. 주말에는 강의를 하거나 책 보는 걸로 시간을 보낸다. 운동할 시간이 나올 구멍이 없다.

그런데 어찌됐든 지금 내 체중은 70킬로그램 초반이 됐다. 이쯤 되면 세상에 사는 모든 돼지가 내 다이어트 방법을 궁금해할 것이다. 해법은 플랫폼이었다. 오늘도 나는 점심시간 10분 전에 사무실을 나선다. 오늘 신문과 읽어야 할 책을 들고…… 회사 건너편 헬스클럽으로 가는 것이다. 운동복을 갈아입고 자전거에 앉아서 신문을 읽는다. 필요한 부분은 찢어서 별도로 챙기고 다 읽은 신문은 바닥에 버린다. 신문을 다 읽고 나면 책을 펼쳐서 읽는다. 주위의 방해를 받지 않고 집중적으로 처리해야 할 결재서류가 있으면 그것도 그때 본다.

들어오는 길에 김밥 한 줄을 사서 사무실에서 가볍게 점심을 때운다. 땀을 쭉 빼고 나면 식욕도 안 난다. 그러나 오후 시간대의 집중력은 엄청나게 더 높아진다. 점심을 먹고 나면 30~40분 동안 사경을 헤매던 예전의 세월은 완전히 사라졌다. 플랫폼은 그거다. 점심

시간 10분 전의 알람이다.

어제 높으신 분을 모시고 밤새 술을 마셨든 말았든, 내 혈관 속에 피가 아니라 알코올이 흐르든 말든, 비가 오든 눈이 오든 무조건 일어선다. 그리고 일단은 헬스클럽으로 간다. 그리고 10분이라도 한다는 각오로 시작한다. 그런데 묘하게 시작만 하면 40분이 되기 전에는 끝내지 못한다. 문제는 시작에 있었던 것이다. 이제는 누구도 나에게 점심 약속을 제의하지 않는다. 부하직원들도 내 눈치 안 보고 자기들끼리 점심 먹으러 간다. 당연히 내가 헬스클럽으로 간다고 생각한다. 그리고 매월 1킬로그램씩 체중은 줄어들었다. 그런 세월을 1년 넘게 보내고 나니 그제야 인간의 모습으로 돌아올 수 있었다.

이게 플랫폼의 힘이다. 변화전문가들은 가능하면 가슴 뛰는 장기적인 목표를 세우고 그 목표를 다시 시간대별로 나눠서 재설정하고 세분된 목표마다 달성 여부를 측정할 수 있는 목표 수치를 세우라고 한다. 그런 방식이 인간의 동기를 최대화한다고 한다. 나도 매번 느끼지만 맞는 말이다.

그런데 나는 그런 방법론을 도외시하고 그냥 플랫폼의 힘만 믿었다. 이번 달에 내가 얼마만큼 감량하겠다는 그런 목표 같은 건 없었다. 그냥 하는 것이다. 아무 생각 없이. 그랬는데도 체중계는 한 달에 한 칸씩 내려갔다. 구체적인 목표 수치 설정의 도움이 없이도 말이다.

두 번째는 독서와 관련된 플랫폼이다. 내가 금년도의 독서 목표로 몇 권을 정해두었을 것 같은가? 30권? 50권? 260권이다. 이 이야기를 들으면 보통 사람들은 놀란다. 당신은 일을 안 하고 책만 보느냐고 묻기도 한다.

나는 대기업의 임원이고 당연히 눈코 뜰 새 없이 엄청나게 바쁘다. 안 바쁜데 그 월급을 주고 나를 고용할 이유가 없다. 그런데도 그게 가능하다. 박사학위 논문을 쓰던 해를 제외하고는 벌써 6년째 이 목표를 지키고 있다. 그것 역시 플랫폼 덕분에 가능했다. 독서와 관련된 나의 플랫폼은 매주 토요일 오후에 반드시 잠실 교보문고를 간다는 것이다. 무조건!

그리고 1시간에 걸쳐서 5권의 책을 고른다. 그리고 일주일간 그 책들을 무조건 읽는다. 왜? 다음 주 토요일 오후에 또 5권의 숙제가 생기기 때문이다. 이번 주에 그 책들을 못 읽으면 다음 주에는 책상 위에 책들이 쌓이고 그때부터는 밤잠을 줄여야 하기 때문이다.

업무상 토요일 오전은 강의 일정이 많다. 그래서 토요일 늦은 오후에 서점으로 간다. 그리고 봉투에 담긴 5권의 숙제를 들고 집에 들어오면 드라마고 뭐고 볼 시간이 없다. 어떻게 해서든 그 책들을 읽어야 하기 때문이다. 토요일 저녁부터 일요일까지 계속된다. 게으르지고 싶어도 게으를 수가 없다. 왜? 매주 토요일 오후마다 새로운 숙제가 또 생기기 때문이다. 그렇게 매주 5권의 책이면 1년 52주에 정확히 260권이 된다. 내가 어디로도 도망갈 길이 없게 하는 것이 바로 이 플랫폼이다.

잠깐 독서를 잘하는 방법을 알려주겠다. 나는 책을 아깝게 생각하고 곱게 보는 사람을 곱지 않게 생각한다. 책은 껍데기를 얼마나 예쁘게 보관하는가가 중요한 것이 아니다. 내용을 어떻게 해서든 내 머릿속에 넣는 게 중요하다. 그래서 나는 책을 거의 학대에 가깝게 대한다. 내 책들이 좀 불쌍하기도 하다. 어쩌다가 재수 없게 나한테 걸려서 그렇게 당하는지.

여러분은 책을 한 권 읽고 나면 머릿속에 얼마나 남을 것 같은가? 잘해야 10~20퍼센트일 것이다. 중년의 나이에 도달한 어떤 친구는 그런 푸념도 한다. 책장을 넘기면 머릿속에서도 책장이 같이 넘어간다고. 방금 읽고 책장을 넘긴 내용이 머릿속에서도 휘리릭 휘발된다고 한다. 엄살은……. 책 보기 싫으니까 별 핑계를 다 댄다는 생각밖에 안 든다.

나도 이제 중년이 됐고 기억력이 예전 같지 않다. 그래서 그냥 묵묵히 읽어서는 안 된다. 일단 중요한 부분은 형광펜으로 밑줄을 사정없이 긋는다. 읽다가 중요한 내용이나 아이디어가 떠오르면 페이지 여백에 메모해둔다. 중요한 아이디어가 떠오르면 책의 앞뒤 페이지 여백에 메모하고 저자가 주장하는 것과 다른 생각이 있으면 포스트잇에 적어서 해당 페이지에 붙여두기도 한다. 그리고 중요한 페이지는 접어둔다. 그런 방식은 책을 뇌로만 기억하는 것이 아니라 심장과 근육으로 기억하려는 필사의 노력이다. 눈으로만 읽는 것이 아니라 글로 써본 내용은 아무래도 오래 남을 수밖에 없다.

물론 내가 산 책을 완전히 다 읽는 것은 아니다. 아무리 애를 쓰며 공들여서 책 선정을 하더라도 어이없는 뻭사리가 끼어들 수밖에 없다. 그러면 과감하게 접어버린다. 그 책을 사느라고 투자한 돈보다는 내 시간이 천만 배는 더 소중하기 때문이다.

한 권의 책을 초벌 읽기를 한 다음에 고민한다. 이 책을 다시 읽을 필요가 있겠는지. 그리고 그런 판단이 서면 다시 읽는다. 나는 읽은 책의 50퍼센트 이상은 무조건 다시 한번 읽는다는 기준을 지키고 있다. 아무래도 두 번째 읽기는 속도가 매우 빠르게 마련이다. 두 번째 읽고 나서 다시 한번 생각을 한다. 이 책을 다시 한번 볼 가치가 있는지, 필요하다고 판단되면 밑줄 친 내용 위주로 컴퓨터에 정리한다. 그 정리된 내용을 훑어보고 나서 괜찮다고 생각하는 경우에는 주위의 지인들에게 메일로 보낸다.

그 바쁜 와중에 그게 어떻게 가능하냐고 한다. 그런데 이런 걸 계산에 넣어야 한다. 세상의 모든 책에 쓰인 내용이 하늘에서 뚝 떨어진 건 아니라는 점이다. 당연히 하늘 아래 완전히 새로운 것은 없는 법이다. 그 책을 쓴 저자도 나름 글을 쓰기 위해서 많은 책을 읽었을 것이다. 그리고 저자가 읽은 그 책 중에 상당 부분을 나도 읽었을 것이다.

책을 읽는다는 것은 저자가 전하고 싶은 개념을 전달받는 과정이다. 그런데 그가 설명하려는 상당수의 개념을 이미 내가 다른 책을 통해서 알고 있다면 그 개념에 대한 설명 부분은 총알처럼 지나치는 것이다. 그래서 책을 많이 읽고 많은 개념을 숙지하고 있다면 독서속도는 당연히 빨라진다. 좀 가벼운 책은 출퇴근 시간 80분에 끝낼 수도 있다.

내가 그렇게 자만심을 가지고 희희낙락을 했는데 우리나라에서 자칭 독서 디자이너 1호라고 하는 다이애나 홍은 아침 반신욕 40분 동안 한 권을 끝낸다고 한다. 그 이야기를 듣고 나는 완전히 꼬리를 내리고 말았다. 정말 강호는 넓고 고수는 많은 것 같다. 『독서천재 홍 대리』의 저자 이지성은 작심하고 3년간 2,000권의 책을 읽었다고 한다. 1년에 약 700권! 완전 항복!

그런 과정을 통해서 그 책을 쓴 사람의 삶과 생각을 내 것으로 만들어간다. 나는 그렇게 1년에 260권의 책을 통해서 세상을 보는 시야를 넓게 확장할 수 있었다. 그런데 이런 과정이 독서를 열심히 해야겠다는 각오나 결심만으로 될 것 같은가? 내 생각에는 각오나 결심만으로는 절대로 안 된다고 본다. 내가 게으름과 나태의 포로가 돼 도망갈 수 없도록 일상생활 속에 명확한 플랫폼을 만들어두어야 한다. 나에게는 토요일 늦은 오후마다 서점에 가서 사는 것이 그 플랫폼이다.

세 번째는 일상과 관련된 내용이다. 임원으로 매일의 바쁜 일상을 소화하면서 어떻게 그렇게 많은 독서가 가능한가에 대한 답이다. 내 삶의 가장 중요한 원칙 중 하나가 '3무 인생'이다. 3가지를 절대 안 한다는 말이다.

첫 번째는 운전이다. 나는 아예 차가 없다. 현대인으로는 도저히 이해가 잘 안 되는 인종이라는 평가를 받는다. 하지만 하여튼 안 한다. 그렇게 살면 삶의 기동성이 없는 것 아니냐고 반문하는 사람이 있다. 그러나 필요할 때마다 손만 들면 택시가 바로 서는 서울에 살면서 굳이 나까지 나서서 공기 오염시킬 필요가 있겠느냐는 생각이다.

시내에는 지금도 나를 기다리는 내 차들이 노란 등을 머리에 이고 다닌다. 손만 들면 바로 선다. 당연히 감사하다는 얼굴로 나타난다.

사실 내가 운전을 안 하는 이유는 환경보호와 같은 명분이 아니라 다른 데 있다. 내가 워낙 노는 것을 좋아하는데 차를 타면 분명히 매일 놀러 가고 싶어할 것이다. 당연히 차를 몰고 출퇴근을 할 것이고. 그러면 책은 언제 보는가? 나는 지하철을 타고 다니면서 책을 본다. 보통 한번에 40분 이상을 지하철에 갇혀 있는데 그 황금 같은 시간을 독서에 완전히 활용한다. 그렇게 되면 일단 하루에 1시간 20분은 기본적으로 독서시간으로 확보된다.

지하철만큼 책을 읽기 좋은 곳은 없다. 적당한 소음도 있고 그 안에서 달리 할 것도 없다. 그 좁아터진 공간에 많은 사람이 같이 있는데 거기서 뭘 하겠는가? 훌라춤을 추겠는가? 축구 연습을 하겠는가? 누군가는 지하철에서 책을 보면 눈 나빠지지 않느냐고 한다. 그런데 드라마에 푹 빠져 TV 모니터를 뚫어져라 보면서 말도 안 되는 내용에 시시덕거리는 것보다는 눈에 더 나쁘지 않다. 그리고 그게 오래되면 흔들리는 지하철에 서서 책을 보면서 밑줄도 쫙쫙 긋는 신공도 발휘할 수 있게 된다. 지하철과 나와 책이 같이 흔들리게 하는 신공이다.

두 번째는 2차를 안 한다는 것이다. 거의 매일 저녁 약속이 있지만 내 사전에는 절대 2차란 없다. 1차에 식사를 하면서 반주를 했으면 됐지 굳이 2차를 가서 술이 술을 먹는 이상한 국면으로는 절대 안 간다. 가끔은 1차에서 흥이 올라 2차를 가자고 매달리는 사람들도 있다. 하지만 대부분의 2차는 가봤자 술이 술을 먹고 개가 돼서 횡설수설 되지도 않는 말 잔치를 하는 것이지 내가 술을 먹는 것이 아니다.

그래도 1차 식사자리는 약간의 알코올의 힘을 빌려 평상시에 못하던 격려도 하고 서로의 업무를 이해하기 위한 대화를 한다. 그리고 파이팅도 외치면서 더 열심히 해보자는 느낌도 공유한다. 그런데 2차를 가고 술이 얼큰하게 들어간 다음부터는 누구도 행복하지 않다. 딱 한 사람 술집주인 빼놓고는.

그리고 긴장이 완전히 이완되면 가슴 밑에 억눌러놨던 필요 없는 설움들이 슬금슬금 기어 올라오고 한두 녀석은 그걸 억제하지 못하고 사고도 치고 서로의 가슴에 필요 없는 생채기도 남긴다. 2차란 것이 회식을 빙자해 돈을 쓰면서 금쪽같은 시간을 낭비하고 집단으로 건강을 해치는 가학행위밖에 더 되겠는가? 꼭 폭탄주를 마셔야겠으면 1차 하는 곳에서 알아서 마셔라. 굳이 자리를 옮길 필요는 없다. 사실 2차까지 가서 비틀거릴 정도로 취하고 나면 필요 없는 실수밖에 더하겠는가. 그리고 그 여파가 다음날까지 가는데 그러면 책은 언제 보나?

여기서 사족 하나! 회사에서 하는 회식이나 저녁이 불필요하다는 이야기는 절대 아니다. 뒤에서 다시 언급하겠지만 나는 부서원들끼리 소주잔을 기울이고 같이 파이팅 하는 과정들이 한국기업의 강렬한 역량을 만들어주었다고 생각하는 사람이다. 더구나 우리는 동료를 같은 밥상에 앉아서 밥을 먹는 '식구'라고 생각하는 문화를 가지고 있다. 그리고 가능하면 자주 밥상을 마주하는 게 좋다. 하지만 어느 정도 선까지이다. 그 선을 넘어서는 것은 문제가 있다.

마지막 하나는 골프를 안 한다는 것이다. 골프가 사람 사귀는 데는 최고의 운동이라고 하지만 꼭 그렇게 비싼 돈 들여서 잔디를 밟아야 할까? 나는 아니라고 생각한다. 또 어떤 사람들은 '접대'를 하는 데 골프만한 것이 없다고 한다. 하지만 나는 접대를 통해서 안 되는 것을 되게 하는 비정상적인 상황이 없어져야 '우리나라 좋은 나라'가 된다고 생각한다. 그런데 나까지 나서서 접대골프를 할 필요가 있겠느냐는 것이다.

골프는 참 재미있는 운동이다. 안 하면서 어떻게 아느냐고? 주위에 골프 치는 사람들을 보니까 그렇다는 이야기다. 한번 시작하면 사정없이 빠져드는 것을 보니⋯⋯ '노는 거 무지하게 좋아하는 내가 저거 시작하면 정신없이 빠지겠구나.'라는 일종의 공포감도 있다.

그래서 안 한다. 그리고 골프예찬론자들은 술 먹고 사람 사귀는 것보다는 운동하면서 사귀는 것이 건강에 좋지 않으냐고 말한다. 솔직히 내 주위에 골프 하는 사람들 보면 운동 끝나고 나서 꼭 골프장 근처 맛집에서 술을 마시고 홍건하게 취해서 귀가한다. 대부분 그렇지 않나? 그리고 한 번 휑~ 휘두르고 카트 타고 휑~ 하니 이동하는데 그게 얼마나 운동이 되겠나. 차라리 나처럼 매일 자전거를 타라.

새벽같이 일어나서 눈 비비며 운전해서 골프장까지 가고 운동하고 술 마시고 집에 들어오면 저녁 시간인데 그러는 와중에 하루가 완전히 휘발되는데 그러면 책은 언제 보나? 나에게는 이 3무가 또 하나의 플랫폼이다. 운전대를 잡지 않고 2차를 가지 않고 골프채를 잡지 않는다.

앞에서도 언급했듯이 변화하려면 주위에 알리는 게 좋다. 그런 면에서 나는 이제 꼼짝 못하게 됐다. 지금까지는 내 근처에 있는 사람들만 내 생활 규칙을 알고 있었다. 그런데 이제는 책으로 써서 사방팔방에 다 알렸으니 반드시 지켜야 할 룰이 돼버렸다. 내가 앞으로 불편할 것 같은가? 오히려 감사한 마음이다. 내 책을 읽은 모든 사람이 내가 하루하루 더 나은 인생을 살 수 있도록 해주는 든든한 감시자이자 지원자가 돼줄 것이기 때문이다.

건전지 같은 인생을 사는가, 아니면 발전기 같은 인생을 사는가

인간은 변화를 본능적으로 싫어한다. 그래서 앞에서 설명한 식의 피할 수 없는 룰을 만들고 그 룰을 내 삶의 깊숙한 곳까지 끌어들여야 변화의 실마리가 시작된다. 모든 사람은 게을러지고 싶어하는 본성적 유혹을 피할 수 없다. 그 유혹을 피하는 것도 역시 내가 피할 수 없는 플랫폼을 통해야 가능하다.

구본형 선생은 1998년에 앞으로 매년 1권의 책을 쓴다는 결심을 했다. 그리고 결심을 달성하기 위해서 본인도 피할 수 없는 인생의 플랫폼을 설정했다. 그리고 돌아가시는 그날까지 무려 20권의 책을 남겼다. 그가 설정한 플랫폼은 매일 4시에 무조건 일어나서 2시간 동안 글을 쓰는 것이다. 아이디어가 떠오르든 말든 일단은 새벽 4시에 책상에 앉는다는 플랫폼을 설정한 것이다. 그 행동을 1998년 이후 평생을 지속했다. 그리고 자기와의 약속을 죽는 그날까지 지켰다.

당신은 당신의 삶을 바꾸고 싶은가? 지금 이대로의 내 인생은 좀 질리지 않는가? 그렇다면 결심하라. 하지만 결심은 필요조건일 뿐이다. 내 삶 속 깊숙이 하나의 플랫폼을 설정하라. 그게 충분조건이 된다. 혹자들은 그런다. 해야 할 일이 산더미라 숨도 쉴 수 없는데 무슨 공부냐고. 그런 분들을 위해 미국의 유명한 부흥전도사였던 빌리 그레이엄 목사의 말씀을 들려드리고 싶다.

"내가 오늘 당장 해야 할 일은 눈앞에 펼쳐져 있는 숲의 엄청난 나무를 다 베는 것이다. 오늘 중에 다 해낼 수 있을지는 정말 의문이다. 너무 양이 많기 때문이다. 저걸 오늘 중에 다 베지 못하면 팀장에게 엄청나게 혼나게 생겼다. 더구나 나에게는 녹슨 도끼 한 자루밖에 없다. 그렇다면 이제 도끼날을 날카롭게 가는 일을 먼저 해야 할까? 아니면 나무 벨 시간도 부족한데 도끼날을 갈 시간이 어디 있느냐고 투덜거리며 녹슨 도끼를 들고 나무를 찍어야 할까?"

먼저 도끼를 갈아야 한다. 그리고 나무를 베기 시작해야 한다. 도끼날이 다시 무디어지면 또다시 시간을 내서 갈고 베어야 한다. 특히 오늘날같이 경영환경이 급변하는 상황에서는 한 번 배워서 평생 써먹는 삶은 완전히 불가능하다. 직장인들은 자신이 가진 역량을 소모하면서 사는 인생이다. 가지고 있는 그 역량은 시간이 흐름에 따라 점차 낡아지고 방전이 된다.

  나는 여러분에게 건전지 같은 삶을 살지 말고 발전기 같은 삶을 살기를 권한다. 그나마 요즘 나오는 2차 전지는 충전해서 사용할 수 있지만 예전의 건전지는 충전이 불가능했다. 구입한 후에 사용하면 할수록 보유한 에너지가 떨어진다. 그리고 어느 순간 방전이 되고 폐기물이 된다. 대학에서 공부한 것 하나로 평생을 써먹으려는 것은 건전지와 같은 인생이다. 그런데 내 주위의 책이라곤 한 자도 보지 않으면서 우리 회사는 교육기회를 제공하지 않는다고 불평하는 사람이 있다. 그런 사람을 보면 속이 답답해진다.

  그런 사람이 가지고 있던 지식은 점차 방전되고 낡아 경제적 효용 가치는 점점 떨어진다. 그리고 어느 순간 폐기해야 할 건전지 꼴이 되는 것이다. 반면에 발전기는 어떤가? 전기를 쓰는 동시에 발전을 한다. 발전기 같은 인생을 사는 사람은 시간이 흘러도 항상 활력이 넘친다. 오늘날을 살아가는 직장인들은 실시간으로 발전하는 인생을 살아야 한다. 여러분은 지금 건전지 같은 인생을 사는가? 아니면 발전기 같은 인생을 사는가?

질문 9

What is enthusiasm?

열정은 무엇인가?

　매사에 열정적인 사람이 있다. 또 매사에 냉소적이고 열정이라는 것은 찾아볼 수도 없고 아무것도 하지 않으면서 불평만 많은 사람이 있다. 여러분이 직장 상사라면 후자를 부하로 두고 싶지 않을 것이다. 어떻게 해서든 전자인 사람을 부하로 두고 싶을 것이다.

　당신은 어떤가? 상사가 부하로 두고 싶어할 전자일까? 아니면 후자일까? 당신은 얼마나 뜨거운 열정을 가지고 있는 사람일까? 지금까지 인사담당자로 많은 사람을 살펴보고 느낀 점이 있다면 사람마다 가슴에 품고 있는 '열정'의 수준에 개인차가 매우 크다는 사실이다. 그리고 그 차이는 상당기간 지속된다는 사실이다.

열정과 열심은 다르다

그런데 그 열정이라는 것은 타고나는 것일까? 아니면 환경의 영향을 받아서 후천적으로 형성되는 것일까? 채용업무를 하는 사람들이 늘 고민하는 화두다. 열정이 선천적으로 타고나는 것이라면 어떻게 해서든 채용단계에서 열정을 가진 사람을 철저하게 골라내야 한다. 만약에 열정이 후천적인 영향으로 결정되는 것이라면 채용단계의 선택보다는 교육훈련이나 인사 시스템을 통해서 직원들의 열정을 불러오기 위한 노력에 힘을 쏟아야 한다.

신입사원들은 면접장에서 경쟁적으로 자신이 '열정'적인 젊은이라고 주장을 한다. 그런데 그 열정이라는 것이 무엇인지를 알고 하는 소리인지 모르겠다. 하기야 그들도 꿈에 그리던 대기업에서 합격만 시켜준다면 최선을 다해서 일하겠다는 생각을 할 것이다. 그들은 그 '열심히'가 열정이라고 생각하는 것 같다.

입사 지원자가 열정적이라고 우기는 건 누구나 다 가지고 있는 공통적인 심리다. 누구나 사랑하는 여자에게 청혼할 때 "나한테만 오면 손에 물도 묻히지 않겠다."고 하지 않는가 말이다. 물론 그게 뻔한 거짓말인 줄 잘 알면서 그 여자는 기분이 좋아 그 꾐에 넘어가는 것이고……. 그리고 그 여인이 꾐에 넘어오면 그 여인이 아니라 내 손에 물을 안 묻히는 삶을 살아간다. 그런 꾐과 알고도 넘어감이 당연하지만 청혼할 당시에 어떤 남자도 마음속으로 '내가 지금 말하고는 있지만 이건 사기다.'라는 생각은 하지 않을 것이다. 모든 남자에게 그 순간만큼은 절실했을 것이다.

　신입사원의 면접과정도 청혼하는 과정과 비슷하다. 자신이 그렇게 열정적인 젊은 청년이고 입사만 하면 회사를 위해서 분골쇄신하면서 최선을 다하겠다고 공약을 한다. 아니 공약이 아니라 입사만 하면 그런 인생을 살겠다고 간절히 희망했을 것이다. 그리고 입사하고 3개월도 안 돼 그 각오를 다 버리고 어떻게 해서든 자기 손에 물을 안 묻히는 삶을 사는 것이다.

　어찌됐든 신입사원들은 열심히 하겠다는 의욕을 '열정'이라고 착각하는 것 같다. 그런데 그것은 '열심'이지 '열정'은 분명히 아니다. 앞에서 언급했듯이 상당기간의 지속성을 가지고 있어야 '열정'이다. 면접장에서 그렇게 열정적으로 회사생활을 하겠다고 주장했고 입문교육을 받고 나서 현장에 배치를 받으면 누구나 '열정적으로 일하겠다'는 각오를 새롭게 한다.

　그런데 그런 식의 사이비 '열정'의 유통기한은 길면 석 달이고 짧으면 한 달이다. 나태, 게으름, 그리고 가끔 닥쳐오는 조직생활 특유의 장애물과 태클을 몇 번 겪고 나면 그 열정의 유통기한이 급속도로 짧아져 버린다. 그리고 세상을 엄청나게 오래 산 것처럼 매사를 보는 눈이 시니컬해진다. 그것 해봤자 안 된다고 생각하고 회사와 세상을 삐딱한 눈길로 관조하기 시작한다. 그렇게 열정은 본연의 수준으로 돌아가 버린다. 그래서 그게 진짜 열성이 아니라는 말이나.

열정은 어디에서 나오는가?

보통사람들은 열정이 뜨거운 가슴에서 나오는 것으로 생각한다. 말도 안 되는 소리다. 그런 사람들의 주장이 맞다면 열정은 타고나는 것이다. 어릴 적부터 뜨거운 가슴을 가진 친구들이 열정에 넘치고 앞으로도 계속 열정에 넘칠 거라는 생각이다. 내가 보기에는 그렇지 않은 것 같다.

나는 그동안 결정적인 계기나 단 한 번의 각성으로 세계관과 인생관을 확 바꾼 사람을 자주 봐왔다. 그들의 변신 전후는 전혀 다른 사람으로밖에는 판단되지 않는다. 그런 걸 고려하면 성격은 몰라도 열정이라는 것은 후천적인 영향이 훨씬 클 것으로 판단된다.

내가 생각하는 열정의 출발점은 머리도 가슴도 아니다. 진정한 열정은 외부에서 오는 것이다. 물론 선천적으로 가슴이 뜨거운 사람이 있기는 하다. 그러나 열정을 작동시키는 결정적인 방아쇠는 외부에서 온다.

최근에 스티븐 호킹 박사의 자서전이 나왔다. 자신이 직접 쓴 것이다. 지금 스티븐 호킹 박사의 몸 상태는 눈동자의 움직임과 뺨의 실룩거림으로 글을 쓸 수밖에 없는 처지이다. 애를 써야 분당 한두 단어밖에 쓸 수 없는데 자신의 힘으로 자서전을 끝냈다. 그가 날 때부터 열정적이었을까? 스티븐 호킹 박사는 자신이 근육위축증에 걸려 삶이 몇 년 남지 않았다는 사실을 인지한 후에 삶의 방식이 확연히 바뀌었다고 이야기한다. 얼마 남지 않는 인생을 이대로 허비하지는 못하겠다는 생각이 방아쇠였다.

내가 말하는 그 결정적인 방아쇠가 바로 자신이 세우는 목표다. 5년 혹은 10년, 정해진 시간 후에 내가 반드시 달성하겠다고 세워둔 구체적인 꿈과 목표 그게 방아쇠이다. 그 꿈과 목표가 너무나도 구체적이고 매력적이어서 생각할 때마다 가슴이 설렌다면 열정의 조건이 완비된 것이다.

생각할 때마다 그 꿈과 목표가 너무 가슴 떨려서 자다가도 벌떡 일어나서 뭔가를 하고 싶을 때…… 그게 바로 진짜 열정의 출발점이다. 열정이란 내가 열정적인 사람이 되겠다고 노력해서 생기는 것도 아니고 타고나는 것도 아니다. 그것은 구체적이고 아름다운 꿈과 목표가 주는 선물일 뿐이다.

천체 물리학자들의 주장에 의하면 세상 모든 것의 출발점은 큰 빛 '빅뱅'이었다고 한다. 그리고 당신이 지금까지 어떻게 살아왔는지 모르겠지만 진정한 인생의 출발점은 내 인생의 큰 빛, 빛나는 꿈과 목표가 생기는 순간부터 시작된다. 꿈과 목표, 바로 거기에서 모든 것이 창조된다. 그리고 그 창조가 주는 가장 큰 힘이 바로 열정이다.

여러분은 그런 게 있는가? 5년 후에, 10년 후에 무엇이 될 것이라는 아주 구체적이고 디테일한 꿈과 비전이 있는가? 생각만 해도 가슴이 설레는 꿈이 있는가? 그런 꿈과 비전을 이길 수 있는 것은 아무것도 없다. 게으름과 나태, 외부의 압력, 심각한 장애물…… 그 어떤 것도 그런 꿈과 비전을 이겨낼 수 없다.

그런 꿈과 비전이 없다면 당신은 열정이 없는 사람이다. 아니 아직 진정한 인생을 시작하지 못했다고 볼 수 있다. 그런 상황에서 당신은 열심히 해야겠다고 매번 결심하지만 그 열심의 유통기한은 매우 짧을 것이다. 그리고 그런 열정이 없다면 당신의 인생은 의미 있는 그 무엇도 창조하지 못할 것이다.

우리의 인생을 어떻게 바꿀 것인가?

인간은 자신이 지금까지 해오던 것을 잘 바꾸지 않는다. 하던 행동이나 하던 방법을 계속하는 게 일반적이다. 그런데 그런 인간이 가끔 하던 짓을 바꾸고 변화하는 때가 있다. 사람들 말대로 하던 짓을 바꾸면 죽을 때가 된 건가? 아니다. 인간이 행동을 바꾸는 데는 결정적인 이유가 반드시 있다. 생각 없는 사람은 진짜 죽을 것 같은 위기나 그것에 비견되는 충격적인 사건을 겪고 난 다음에야 바뀌기 때문에 하던 행동을 바꾸면 죽을 때가 됐다고 말하는 것이다.

인간이 행동을 바꾸는 데는 일반적으로 세 가지 이유가 있다. 첫 번째 이유는 공포다. 이짓을 계속하다가는 정말 큰일이 나겠다는 극심한 공포감이 생긴다면 행동을 바꾸게 된다. 폐암에 걸렸는데 담배를 계속 피울 사람이 있겠는가? 위암에 걸렸는데 술을 계속 마실 사람이 있겠는가? 마찬가지로 이런 식으로 하다가는 연말 성과급을 제대로 못 받고 결국 회사에서 잘리겠다는 공포감이 들면 하던 짓을 멈추고 최선을 다해 일하겠다는 생각이 들지 않을까? 이런 공포감은 인간이라는 종족이 세렝게티에서 생존할 수 있도록 해주는 가장 강력한 동력이었다. 그런데 공포감에 의해 촉발되는 행동교정은 다른 동물들도 능히 하는 바이다.

서커스 구경을 가보면 사자와 호랑이들의 쇼를 볼 수 있다. 그 무서운 포식자들이 사육사 앞에서는 고양이로 바뀐다. 그들이 왜 그렇게 할까? 사육사가 사랑스러워서? 내가 이짓을 안 하면 사육사의 밥줄이 끊어지니까 불쌍해서? 사실 그 포식자들은 사육사가 휘두르는 채찍소리를 두려워하는 것이다.

변화의 두 번째 이유는 인센티브다. 내가 이런 행동을 하면 더 많은 것이 생길 수 있다는 느낌이 오면 행동을 바꾼다. 성과급을 더 받을 수 있겠다는 느낌이 들 때 바뀐다. 많은 기업이 그런 것을 잘 이용해서 영업사원들을 대상으로 캠페인 전술을 구사한다. 이번 주에는 이 상품의 판매에 인센티브를 걸고 다음 달에는 다른 상품 판매에 인센티브를 제공해서 매출의 흐름을 잡아가는 것이다.

그런데 여기까지는 인간뿐만 아니라 지능이 뛰어난 상당수 동물도 한다. 원숭이나 개나 소도 인센티브를 통해서 훈련을 시킬 수 있다. 동물원에 가면 물개들이 공을 물속으로 몰고 다니고 공중회전도 하고 사육사가 시키는 행동을 반복한다. 그런데 그건 정상적인 물개라면 절대 하면 안 되는 짓이다. 그런데 왜 그 물개들이 그 이상한 행동을 할까? 그짓이 좋아서 하는 걸까? 관중의 박수와 환호 때문에 그짓을 하는 걸까? 내가 물개의 머릿속에 들어가보지 않아서 모르겠지만 아마 아닐 것이다.

그들이 그짓을 하는 이유는 사육사의 허리춤에 묶여 있는 주머니

속의 꽁치나 고등어 때문이다. 칭찬은 고래도 춤추게 한다? 플로리다 올랜도에 가서 그 범고래 녀석을 직접 봤지만……. 아무리 생각해도 고래는 아닌 것 같다. 거기서 고래가 한바탕 쇼를 마치고 나서 사육사가 고래 입에 먹이를 주는 걸 '내 두 눈으로' 아주 똑똑히 그리고 분명히 봤다.

그런데 여러분은 어떠한가? 최근 선택한 행동의 변화가 어디에서 왔는가? 공포인가? 인센티브인가? 만약 그렇다면 여러분의 변화는 아직 사자, 호랑이, 물개, 혹은 범고래와 같은 수준에 머물러 있는 것이다. 그 단계라면 변화의 동기가 내가 아닌 남에게 있는 것이다. 자기 주도적인 삶이 아니라 남에 의해서 변화가 컨트롤되는 피동적인 삶을 사는 것이다.

마지막 세 번째는 인간만이 할 수 있다. 바로 '자각'이라는 것에서 오는 변화이다. 이건 변화하지 않으면 큰일이 난다는 외부적인 요인이나 이렇게 하면 뭘 더 얻을 수 있다는 유혹이 없어도 알아서 바꾸는 경우이다.

바로 자각에서 내가 말하는 진정한 열정이 생겨난다. '이대로 사는 건 진짜 질린다. 내가 정말 꿈꾸는 존재가 되기 위해서 인생을 바꾸어야겠다.'는 생각이 바로 자각이다. 그런데 이런 자각은 반드시 구체적인 목표로 연결돼야 지속성을 가질 수 있고 지속성을 가져야 당신의 인생이 바뀐다.

열정을 불러일으키는 목표의 조건

열정을 불러올 수 있는 목표는 몇 가지 갖추어야 할 요건이 있다.

첫 번째는 정해진 시간이다. 언제까지 그 목표를 달성하겠다는 시간이 정해져야 한다. 언젠가는 내가 그렇게 돼야지 하는 생각은 나태와 게으름이라는 적병이 등장하면 백전백패가 된다. 목표의 크기에 따라 다르지만 나는 5년이나 10년 정도의 시간을 설정하기를 권한다. 1년이나 2년의 기간은 큰 꿈을 설계하고 실행하기에는 너무 짧다.

두 번째는 목표의 구체성이다. 그 시간이 됐을 때 내 노력의 달성 정도를 측정할 수 있어야 한다. 달성했다, 혹은 달성하지 못했다, 또는 어느 수준까지 달성했다는 것을 확인할 수 있어야 한다.

세 번째는 목표의 난이도이다. 직장에 멀쩡하게 다니던 친구가 5년 내 대통령이 되겠다는 생각을 하면 그건 완전 개꿈이다. 이건 완전 개꿈이라고 생각이 될 정도로 불가능성이 높다면 목표는 자포자기라는 적병에게 잔인하게 살해당하게 된다. 그렇다고 지금 사는 대로 해도 달성이 가능할 정도의 쉬운 난이도라면 내 일상의 변화는 물론이거니와 열정이라는 지원군이 나타나지도 않는다. 지금의 시점에서 정말 최선을 다해서 노력할 때 달성이 가능할 정도의 난이도를 가져야 한다. 지금까지 수많은 심리학 연구결과도 난이도가 적절하게 높은 구체적인 목표가 몰입을 불러온다는 사실을 지지하고 있다.

네 번째는 목표의 가슴 떨림이다. 그 목표가 너무 섹시해서 생각할 때마다 가슴이 떨려야 진정한 내 목표가 되고 그것에 몰입할 수 있다. 그 목표를 생각하면 자다가도 벌떡 일어날 정도가 돼야 한다. 그런 목표가 내 눈앞에 있는데 자신의 행동을 바꾸지 않을 인간이 또 있겠는가.

사실 섹시한 목표를 설정한다는 것 자체가 굉장한 공력이 들어가는 작업이다. 그러나 그런 노력이 힘들다고 목표 하나 없이 하루하루를 보내며 인생을 허비하는 건 너무 비참하다는 생각이 들지 않는가?

다섯 번째는 장기적인 목표에 도달하는 단계적인 중간 목표를 설정해야 한다. 5년이나 10년의 목표를 설정했다면 그 목표에 도달하는 경로에 1년마다 중간 목표를 설정해야 한다. 그리고 그 중간 목표는 성공과 실패를 분명히 판단할 수 있도록 수립돼야 한다. 나도 장기적인 목표를 달성하기 위해 매년의 목표를 설정해 두었다. 올해의 목표 중의 하나가 바로 이 책이다. 이제 이 책이 출간된다면 올해의 내 목표는 완결된다.

모든 동물이 다 그렇지만 인간은 매우 조급한 동물이다. 장기적으로 다가오는 큰 이익보다는 눈앞에 있는 작은 이익에 더 끌리는 본성이 강하다. 어렵고 오래 걸리는 목표는 정말 지독한 인간이 아니라면 지속적인 몰입을 유지하기 어렵다. 가령 무협영화에 나오는 것처럼 부모님의 원수를 갚기 위해서 십수 년 동안 산속에서 수행하는 건 '부모님의 원수'와 같은 엄청난 동기가 아니면 불가능하다.

당신이 보통 인간이라면 작은 성공에 자신을 계속 노출시켜야 자신감도 생기고 동기도 부여된다. 그리고 내가 이루는 성공들이 조금씩 눈덩이처럼 커지도록 해야 한다. 항상 그렇지만 일단 변화가 시작되고 나면 작은 성공들이 스스로 알아서 동력을 만들고 더 큰 성공으로 연결되는 길을 만들어준다.

그리고 마지막으로 플랫폼이 필요하다. 앞에서도 설명했듯이 플랫폼은 시간의 전개에 따라 설정해놓은 정기적인 행사이다. 매일 혹은 매주 혹은 매월을 단위로 정해진 시간에 고삐를 두어야 한다. 플랫폼은 내가 세운 목표를 달성하기 위해 반드시 해야 하는 행사이다. 이 행사를 자동으로 지키도록 자기 자신을 스스로 구속해야 한다. 그 플랫폼에 도달할 때마다 지속적으로 목표를 반추하고 마음을 다잡고 나태로 도망갈 수 있는 나 자신을 차단해야 한다.

그런데 만약 목표달성에 실패했다면? 그렇다면 완전히 망가지는 실패자의 삶을 사는 것인가? 사실 설정했던 목표를 달성하면 좋겠지만 목표의 달성 여부가 삶의 진정한 행복을 주는 것은 아니다. 당신이 얼마나 대단한 목표를 설정했든, 그것을 달성했든 말았든 언젠가는 그 모든 것을 놔두고 떠나야 하는 것이 인생이다.

인생에서 진정한 행복은 가슴 떨리는 목표를 향해 최선을 다해 한 걸음씩 다가가는 과정에서 느낄 수 있다. 그렇게 열정적으로 살아가는 것이 아름다운 인생이고 그 과정이 행복한 것이다. 당신의 인생을 구성하는 하루하루를 가슴 설레는 나날들로 채울 것! 그게 바로 가슴 떨리는 목표에서 시작된다. 그리고 그렇게 살았다면 간절한 목표도 없이 하루하루를 대충 수습하면서 산 사람들보다는 훨씬 먼 곳까지 갔을 것이다.

당신은 어떤가? 당신을 이끌고 있는 목표가 있는가? 뚜렷한 좌표도 없이 하루하루를 대충 수습하면서 사는 인생에서 열정이란 찾을 수 없다. 여러분은 일상 속에서 얼마나 긴 관점을 갖고 걱정하고 있는가? 다음 주에 있을 주간 회의인가? 아니면 다음 달에 있을 실적 발표인가? 당신이 걱정하고 생각하는 미래의 시점과 지금과의 차이가 바로 당신의 인생이 얼마나 밝은 빛을 내면서 타오를지를 결정짓는 것이다.

마지막으로 분명히 해둘 게 있다. '지고는 못 산다'는 것은 '투지'이다. 이것은 열정과는 다르다. 이겨야 할 상대를 꺾고 나면 그걸로 끝나는 것이다. 그리고 결정적으로 남에게 또 장기적으로 나에게도 피해를 주는 부산물을 가져올 가능성이 매우 높다. 내가 싸워야 하고 반드시 극복해야 할 가장 강한 적은 외부에 존재하지 않는다. 당신 내부에 존재한다.

질문 10

Is it crisis now?

지금이 위기인가?

　청년실업의 시대다. 일자리는 줄어들고 빈부격차는 심해지고 엄청나게 많은 사람이 대학을 졸업하는 바람에 경쟁도 치열하다. 예전에는 그래도 뭔가에 도전할 기회라도 있었는데 우리 시대는 왜 이렇게 힘들고 어려운가? 당신도 그런 불만이 드는가?

　왜 하필 지금 경기가 이렇게 어려워지고 일자리는 자꾸만 줄어드나? 주변부 국가라서 강대국에 흔들리고 그나마 분단된 국가라서 맨날 위험 속에 사는 지금의 인생이 싫은가? 미국이나 유럽과 같은 강대국의 국민으로 태어나지 못한 것이 서러운가? 그래서 억울한가? 그런 생각을 하는 사람을 위해서 내가 잘 알고 있는 어떤 청년을 소개해 주겠다.

영원히 청년인 그 사람 이야기

그 청년이 태어났을 때 우리나라는 식민지 국가였다. 우리에게는 주권이 없었다. 투표를 할 수도 없고 부당한 처사를 호소할 곳도 없었다. 한국인은 늘 2등 국민 취급을 받았다. 한국에서 태어나고 싶어서 태어난 것도 아니고 자기 잘못으로 한국인이 된 것도 아닌데 일본인보다 모든 면에서 불평등한 처우를 받았다.

경남 울주군 삼동면 둔기리. 이름만으로도 촌스럽지 않은가? 산골이었다. 너무 깊은 산골이라서 후대에 댐을 만들면서 수몰이 돼버려 고향 마을이 사라졌다. 농사를 짓는 부모에게서 태어났다. 형제는 무려 10명! 산골에서 농사를 지어서는 입에 풀칠하기도 정말 퍽퍽한 세월이었다.

어린 시절에는 건강마저 좋지 않아서 지척에 있는 초등학교에도 1년에 30~40일씩 결석을 하고 아파서 누워 있어야 할 정도였다. 10형제의 장남. 어느 정도 나이가 들어서는 동생들을 먹여 살려야 하는 처지가 됐다. 그래도 한번 사는 인생! 자신의 소중한 꿈을 버릴 수 없었던 그는 몰래 가출을 해 일본으로 가는 밀항선을 탔다.

그리고 시모노세키에 내렸다. 호주머니에 남은 돈은 우동 한 그릇 먹으면 끝나는 동전 몇 개뿐. 밀항한 처지에다 거동마저 수상한 조센징, 불령선인으로 의심을 받아 일본경찰에 체포되고 곤혹스러운 구타와 고문에 시달려야 했다. 수치스러운 식민지 국가의 2등 국민이라는 신분. 구타와 고문의 이유는 그것뿐이었다.

그리고 야간 중학교에 다닌다. 새벽에는 우유배달, 신문배달, 낮에는 트럭 조수와 전당포의 임시직원으로 전전하며 먹고살았다. 하루하루가 지옥이었고 끼니도 제대로 챙기지 못하는 나날들이었다. 어차피 공부해봤자 조센징은 출세도 할 수 없었던 시절이다. 그래도 문필가가 되겠다는 꿈을 좇아서 학업의 길을 계속 갔다. 잠시라도 틈이 있으면 도서관에서 빌려온 책 속으로 파고들었다.

각고의 세월을 참고 견디며 와세다 대학 화공학부를 야간으로 졸업한다. 그래 봤자 갈 길은 없었다. 그 어느 회사도 조선인을 채용해주지 않았기 때문이다. 당시에는 제2차 세계대전이 한참이었고 그는 밀항자 신분에 2등 국민인 조선인이었다. 실력 유무와 관계없이 기업에 취업한다는 건 상상조차 할 수 없었다.

학창시절 고학을 하면서도 정직하고 성실하게 살아온 그 청년을 보고 어떤 일본인이 투자를 제의한다. 하나미쓰라는 사람이었다. 화공학 전공을 살려 커팅 오일을 생산하는 공장을 해보자는 것이었다. 투자를 받아들이고 공장을 세우고 밤잠을 줄여가며 성실하게 일했다. 공장은 그런대로 잘 돌아갔다.

그러나 미군의 도쿄 폭격으로 공장은 잿더미가 되고 만다. 공장도 시설도 원료도 불에 타버렸다. 그나마 그간에 저축해 놓았던 돈과 빚을 얻어 다시 공장을 짓는다. 그런데 다시 한번 폭격을 맞아 다시 한번 아무것도 남지 않았다. 그 청년은 이제 빚더미와 잿더미 위에 앉게 된다. 살아갈 길이 막막했다. 자살밖에는 길이 없었다. 그러나 평소 책임감이 강했던 그 청년은 자신이 자살을 하면 자신을 믿고 돈을 빌려준 사람에게 빚을 영영 갚지 못한다는 책임감으로 자살마저도 할 수 없었다.

그는 전쟁이 끝나고 재기한다. 자신의 전공을 살려서 조그마한 공장을 차린다. 화장품과 비누 같은 간단한 생필품에서 시작해서 미군 병사들이 씹고 있는 껌으로……. 그리고 끊임없는 혁신과 신제품으로 시장을 장악해 간다. 그러나 그는 여전히 조선인일 뿐이었다. 정부 지원을 받을 수도 없었고 새로운 사업의 허가를 쉽게 받을 수도 없었다. 거래 관계에서도 일본인보다 훨씬 나쁜 대우를 받았다. 그러나 그 청년은 꿋꿋이 자신의 길을 간다. 그리고 오랜 전통을 자랑하는 일본 제과업체들을 누르고 일인자가 된다.

그 청년은 한일국교가 정상화된 이후 일본에서 번 돈으로 세계 최빈국이었던 조국에 봉사할 기회를 찾는다. 자신이 성장하는 동안 조국이 그 청년에게 해준 것은 아무것도 없었다. 우연히 태어난 곳이 식민지였고 2등 국민이었다. 일본에서 사업하면서도 출신지는 그에게 늘 장애요인이었을 뿐이다.

그래도 그는 당시 세계에서 가장 가난한 나라였고 잘 먹지도 못했고 보리를 추수하기 직전에는 양식이 떨어져 굶주려야 하는 '보릿고개'란 것이 있던 그 불쌍한 조국에 뭔가 보답을 하고 싶었다. 애초부터 산업의 쌀이라는 '철강' 산업을 염두에 두고 자본금을 일본에서 모으고 독일기업과 기술제휴까지 해두었다.

그런데 한국정부에서 그 청년에게 철강산업을 허가해주지 않았다. 이유는 단 하나. 그가 '재일교포'라는 이유다. 당시에 재일교포

중의 많은 사람이 친북단체인 조총련에 가입하고 있었다. 한국은 재일교포가 조총련이고 조총련은 빨갱이라는 간단한 공식으로 판단됐다. 그 청년은 조총련과 전혀 관계없는 삶을 살아왔다. 그는 조국에서도 자유롭게 사업을 하지 못했다.

일본에서는 조선인이라서 천대와 멸시를 받았고 조국에서는 재일교포라는 이유만으로 차별을 받았다. 그는 어디에 가나 이방인 취급을 받았다. 그래도 그는 조국과 한국인을 사랑했다. 지속적으로 한국의 운동선수들을 후원했고 일본에 진출해 있는 한국인들을 도왔다.

한국에 첫 회사를 세운 후 청년은 지금까지 현재 가치로 20조 원에 가까운 돈을 일본에서 조국으로 가져왔다. 일본 국세청 당국에서 문제 삼기 전까지 한 푼의 수익금도 일본으로 배당하지 않았다. 이익금은 계속 한국에 재투자했고 일본에서 자금을 계속 가져왔다.

그런데 그가 그렇게 사랑한 조국의 국민은 아직도 그의 회사에서 물건을 사면 일본으로 돈이 나간다고 믿고 있다. 몇몇 사람들은 근거도 없는 그런 이유를 들어 아직도 인터넷에서 그 회사의 제품과 상품을 보이콧하자고 선동하고 있다.

다양한 사업기회를 주겠다는 일본정부의 유혹에도 그 청년은 끝까지 대한민국의 국적을 지켰으며 단 한 번도 귀화한다는 생각을 해본 적도 없었다. 스스로 자랑스러운 한국인이라고 자부해왔다. 일본에서 태어난 자녀와 손자 손녀들도 모두 한국 국적을 보유하게 했다. 그러나 그가 그렇게 사랑한 조국의 국민 대부분이 그가 이미 일본인으로 귀화한 것으로 생각하고 있다.

그는 평생을 철저하게 절약했고 10년씩 한 장의 카디건으로 버티는 검소한 삶을 살아왔다. 그런데 그렇게 사랑한 조국의 국민은 그를 탐욕적인 재벌총수 중의 한 명일 뿐이라고 생각하고 있다. 그는 매년 수백억 원을 국가에 기부했고 지금도 10만 명이 넘는 한국인에게 일자리를 제공하고 있다. 그런데 그가 그렇게 사랑한 조국의 국민은 그를 인색한 사람이라고 한다.

이제 그 청년은 구십이 훌쩍 넘은 나이가 됐다. 은퇴하고 편안한 노년을 즐길 나이가 진작에 지났다. 하지만 그는 아직도 사업을 챙기고 현장을 다니며 일을 한다. 그는 아직도 조국을 위해서 해야 할 일이 많다고 생각한다. 그는 영원히 살 것처럼 꿈을 꾸고 내일 죽을 것처럼 오늘에 몰입한다. 그는 여전히 청년이다. 여러분보다 더 청년이다.

어떤가? 여러분의 처지가 그 청년보다 못한가? 여러분이 첩첩 산골에서 끼니를 걱정할 정도로 가난하고 10명의 형제를 건사해야 하는 처지인가? 낮에 뼈 빠지게 일해서 돈을 벌고 피곤함에 절은 몸을 이끌고 밤마다 중학교에 가서 책을 펴는 세월을 보냈는가? 아무리 열심히 공부해도 취업이라는 것은 생각도 할 수 없는 땅에서 살고 있는가? 나를 보호해줄 수 있는 조국이 없고 2등 국민으로 멸시와 천대를 받고 있는가? 최선을 다해서 열심히 하던 일을 누가 와서 폭격으로 잿더미를 만들었는가?

조국에서도 그리고 처음으로 사업을 시작한 그 땅에서도 이방인 취급을 받으며 경쟁회사보다 어려운 여건에서 사업수행을 해야 하는가? 그렇게 평생을 사랑하고 헌신했던 대상으로부터 터무니없는 억척과 오해와 미움을 받고 있는가?

여러분은 그 청년보다 훨씬 더 많은 기회와 풍요의 땅에서 살고 있다. 지금까지의 역사에서 현재가 가장 행복하고 가장 풍요로우며 기회가 넘친다. 여러분은 한반도에서 지금까지 살아온 한국인 중에서 가장 행복한 사람들이다. 지금에 감사하라. 그리고 후배들에게는 우리보다 더 많은 기회와 풍요를 남겨주기 위해서 최선을 다하라.

우리가 이겨낸 위기들

우리가 어떤 위기들을 겪고 극복해 왔는지 주요한 것 몇 개만 되돌아보자. 1979년에 제2차 석유파동이 있었다. 이란에 혁명이 일어나서 친미정권이 무너지고 종교지도자들이 정권을 잡았다. 미국과 국교를 단절하고 석유수출을 중지했다. 세계 원유가격이 17달러에서 28달러로 폭등했다. 원료를 국외에서 수입해서 단순가공을 한 후 외국으로 수출하는 소위 '가공무역'에 경제의 운명을 걸었던 우리에게 석유파동은 완전 재앙이었다. 물가는 하루가 다르게 폭등하고 경상수지도 엉망이 됐다. 당연히 서민들의 상황은 더 엉망이었다. 부산과 마산에서는 국민이 못 살겠다고 대규모 시위를 했고 결국 그 해 말 대통령의 유고가 있었다.

1989년 또 한 번의 위기가 왔다. 단군 이래 최대의 호황이라고 평가받던 3저 호황(저금리, 저달러, 저유가)이 3년 만에 끝나고 조건이 완전히 바뀌는 3고 불황이 찾아왔다. 3저 호황 당시 한국은 무역수지가 흑자로 돌아서고 연평균 10퍼센트 이상 성장을 계속했다. 그러나 환경이 바뀌자 수출 경쟁력이 바닥으로 떨어지고 경상수지는 엄청난 적자를 기록했다. 세계 유수의 신문사들이 한국은 샴페인을 너무 빨리 터트렸다고 비아냥거렸다. 한 3년 동안 자기 실력이 아니라 외부여건 때문에 경제가 좋아졌는데 자기 실력인 줄 알고 흥청망청하다가 꼴 좋다는 식이었다. 한동안 한국경제는 고통스러운 국면을 지나야 했다.

1997년에 IMF의 구제금융을 받는 외환위기에 봉착한다. 겪어보지 못한 사람은 지나간 위기라고 생각하고 있겠지만 나에는 특별한 위기였다. 내가 직장에 들어온 이후에 처음으로 겪는 위기였기 때문이다. 내 친구 중에도 당시에 상당수가 일자리를 잃어버렸다. 말로만 듣던 경제위기가 얼마나 무서운 것인지를 몸으로 느낀 것이다.

그보다 자존심이 강한 나는 위기에서 오는 고통보다 수치스러움에 더 치를 떨었다. 우리나라가 경제주권을 외국에 내줬다는 점 때문이다. 국가부도 위기를 넘기기 위해 IMF로부터 구제금융을 받는 대신 치러야 하는 대가는 너무도 컸다. 우리의 경제운영 자체를 IMF의 지휘를 받아서 하는 체제로 바뀐 것이었다. IMF는 유엔과는 다르다. 그 조직은 주식회사같이 그 기금의 보유지분 크기에 따라 의사결정권을 가지는 구조다. 잘 알겠지만 IMF 기금의 최대주주는 미국이다. 결국 우리는 IMF를 뒤에서 조종하는 미국에 경제주권을 넘겨

준 꼴이었다.

우리가 국가주권을 빼앗긴 것은 1905년 을사보호조약과 1910년 한일합방 이후 처음이다. 더구나 당시에는 한국군대의 전시 및 평시의 작전지휘권을 미군이 가지고 있었던 때다. 우리나라 대통령이 국군의 수반이지만 실질적인 군사지휘권을 갖고 있지 못했다. 미국의 한국주둔군 사령관이 갖고 있었다. 군사주권도 없는 마당에 경제주권도 사라진 것이니 자존심 강한 나는 심정적으로 정말 힘이 들었다.

그럼에도 우리는 IMF 구제금융 기간을 슬기롭게 버텨내면서 그 기회를 이용해서 한계에 이른 기업들을 구조조정하고 경제구조도 경쟁력 있게 재편성했다. 일본의 한 경제학자는 긴 시간을 놓고 보면 외환위기가 과감한 경제개혁을 통해 경제 수준을 한 단계 끌어올리게 된 축복 같은 기회였다고 평가한다. 나도 어느 정도 그 말에 동의한다. 1980년대 후반 정치적 민주화가 되고 나서 자신의 이권을 배타적으로 지키려는 단체들이 속속 생겨나고 국가 전체적인 관점에는 이익이 될지 모르겠지만 자신은 절대 손해를 못 본다는 절대적 저항이 많아졌다.

그러다 보니 국가 전체의 측면에서 과감한 혁신이 불가능했다. 내가 조금이라도 손해를 본다고 생각하는 집단은 빨간 띠 매고 거리로 쉽게 뛰쳐 나갔다. 외환위기가 한참인 당시에도 고용의 경직성과 같은 문제를 놓고 노동운동 쪽은 한치도 양보하지 않았다. 그런 각 부분의 이기심을 국가부도라는 위기 앞에서는 다 내려놓고 국가 전체의 대의를 위해 양보하는 대타협의 계기가 된 것은 분명하다.

일본의 그 경제학자는 일본도 한 번쯤 이런 대대적인 위기가 있었으면 경제체질을 확실하게 바꿀 수 있었을 텐데 그렇지 못하니까 20년이 넘는 세월 동안 경제상황이 제자리에 있다고 평가했다.

그리고 2008년 세계 경제위기가 터졌다. 그런데 이번 위기는 좀 색다르다. 지금까지의 위기는 국지적인 특성이 강했다. 그런데 이번에는 전 세계가 한꺼번에 위기에 몰린 것이다. 그래서 우리에게 더 큰 고통으로 다가왔다.

과거에는 우리만 또는 동아시아만 위기국면에 처했다. 그래서 우리나라는 경제상황이 상대적으로 괜찮은 국가에 수출을 집중하면 쉽게 문제를 극복할 수 있었다. 특히 우리나라가 위기에 봉착하면 일반적으로 환율이 급격하게 올라가서 수출경쟁력이 생기게 되니 수출산업에는 오히려 유리한 측면이 있었다. 그래서 IMF 구제금융 당시 환율이 엄청나게 뛰자 상대적으로 재무 상태가 좋았던 수출기업은 오히려 즐거운 비명을 지른 적도 있다.

그런데 이번에는 전 세계가 모두 위기이고 전 세계가 소비를 줄이고 있어서 탈출구가 안 보였다. 그래서 위기 극복이 쉽지 않을 것 같았다. 그런 이유로 위기가 발생한 지 5년이 지났는데도 그 여파가 계속 진행 중이다. 이 와중에 위기는 미국에서 시작해서 유럽으로 전이됐고 앞으로도 다른 국가로 전이될 것으로 보인다. 우리가 겪어온 지난 위기를 살펴보면 10년마다 한 번씩의 위기가 왔다.

지금 우리에게 다가온 위기

이번 위기는 세계 경제위기라는 측면 외에 또 다른 문제가 있다. 바로 인구감소 문제이다. 우리는 2016년부터 생산가능인구(15~64세)가 정점에 이를 예정이고 그 이후에는 사상 유례없는 속도로 줄어들게 된다.

특정 국가의 인구가 증가하고 있을 때는 그 인구 증가 자체가 경제에 주는 긍정적인 효과가 있다. 일반적으로 인구가 증가할 때는 정상적인 경제성장보다 일정 수준 더 높은 성장률을 달성할 수 있다. 이것을 소위 '인구 보너스'라고 한다. 그런데 반대로 인구가 감소할 때 경제성장에 부정적인 영향을 미치게 된다. 이것을 소위 '인구 오너스'라고 한다. 지금까지 한국이 달성한 높은 경제성장률의 일정 부분은 인구 보너스로부터 도움을 받았다. 그런데 이제는 그런 효과가 사라지는 것은 물론이고 인구 감소에 따른 경제성장률의 부정적인 효과를 받아들여야 한다.

국내 인구가 줄어든다는 것은 자동으로 소비 규모가 줄어든다는 것이다. 소비가 줄어든다는 것은 기업의 입장에서는 국내 시장이 점차 사라진다는 것이다. 그렇게 되면 국내에서는 기업의 추가적인 성장 가능성을 쉽게 찾을 수 없다. 경쟁력이 더 악화된다는 것은 명약관화하다. 나는 이웃나라 일본의 경제가 20년 넘게 침체한 이유 중에 가장 큰 것이 인구감소라고 생각한다.

기업은 무조건 성장해야 한다. 기업에게 성장은 당위의 문제이기도 하지만 기업 자체가 성장이 멈추면 쉽게 무너지는 존재이기 때문이다. 달리는 자전거와 같은 것이 기업의 운명이다. 달리지 않고 멈추면 넘어지는 존재라는 말이다.

기업의 구성원들은 임원이든 직원이든 관계없이 가장 중요하게 생각하는 것이 자신의 생존이고 두 번째가 직무에 대한 몰입이다. 기업의 존재 이유, 내가 일을 하는 이유도 매우 중요하다. 그러나 일반적인 직원들은 자신이 회사에서 살아남는 것에 본능적으로 끌릴 수밖에 없다. 그리고 두 번째로 끌리는 것은 회사 전체와 같은 거시적인 차원이 아니라 지금 당장 하는 매일의 내 일이 주는 성취감과 재미다.

그런데 회사가 성장을 멈추면 어떻게 될까? 성장을 멈추면 일단 조직 내의 일자리가 늘어나지 않는다. 당연히 윗자리도 늘어나지 않는다. 회사는 이제 승진을 시킬 수 없게 된다. 사실 자리가 없는데 어떻게 승진을 시킬 수 있겠나. 그럼 어떻게 될까? 회사가 장기적으로 승진을 정지시키면 다른 곳에 갈 수 있는 능력을 갖춘 우수 자원들은 한 직급씩 올려준다는 유혹을 받고 다른 회사로 다 도망가고 갈 곳 없는 쭉정이들만 어쩔 수 없이 남아 있게 된다.

그런데 남아 있는 그들은 자신의 능력 없음을 자성하지 않고 승진을 안 시켜주는 회사에 대한 원망만 가득 안고 있다. 그리고 조직은 자동적으로 피폐의 길로 간다. 이런 파국을 피하기 위해서라도 기업은 유능한 인력에 대해서는 일정 수준 승진을 시켜줄 수밖에 없다. 그런데 지금처럼 조직의 성장이 멈추어서 더는 윗자리가 안 생기는데?

결국 윗자리에 있는 사람 중에 무능한 사람을 내보낼 수밖에 없는 순서로 연결된다. 그때부터 본격적인 생존게임이 시작된다. 제한된 자리를 놓고 머리 터지게 경쟁하게 되는 것이다. 그런데 성장이 정체된 시장에서 그 경쟁이 긍정적인 측면으로 흐르기는 쉽지 않다. 소위 말하는 '제한된 자원의 쟁탈전'이 시작된다. 정치적인 술수가 동원되고 상대방에 대한 음해, 태클, 불필요한 갈등이 표출되고 점차 회사 내에서 팀워크라는 것이 실종돼 버린다. 그리고 기업조직이 아니라 정치조직이 되고 서서히 회사는 망해간다.

이런 파국적인 시나리오를 피하기 위해서는 어떤 방법을 동원해서라도 기업은 성장해야 한다. 그런데 인구 감소로 한국 국내의 전체 파이는 점점 줄어들게 되고 성장의 여지가 줄어드는 상황에서 개별 기업이 성장하기는 쉽지 않다. 방법은? 결국 유일한 길은 세계 시장에 있다.

개방적인 세계경제를 필요로 한다

이 대목에서 '세계화'라는 것에 대해서 생각해보자. 지난 50년 동안 우리의 삶을 가장 많이 바꾼 메가 트랜드Megatrend는 무엇일까? 이 질문에 대해서 많은 사람은 IT 기술이라고 답할 것이다. 그런데 이 질문을 30년 후에 다시 한다면 그 대답은 아마 '세계화'일 것이다.

많은 경제학자는 IT와 같은 기술적 진보보다 최근의 세계화가 인류 전체 삶의 질 향상에 더 많이 이바지했다고 판단하고 있다. 풍부한 천연자원도, 축적된 기술도, 뛰어난 인재도, 그야말로 아무것도 없는 잿더미에서 경제강국으로 성장한 대한민국이라는 존재가 가능했던 것은 우리의 상품을 받아준 개방된 시장 덕분이다.

만약 제2차 세계대전 이전의 강대국들이 고수했던 보호무역주의가 계속됐더라면 우리는 아직 굶주림과 저성장의 덫에서 벗어날 수 없었을 것이다. 다행히 미국을 포함한 선진국들이 과거의 지나친 보호무역주의가 제2차 세계대전을 유도했다는 자각으로 1944년에 구축한 브래튼우즈 체제와 개방적인 무역정책이 우리에게 성장 기회를 제공했다. 시간이 흐르면서 개방정책은 확산되었고 그런 세계적인 흐름이 낳은 혜택을 지금은 다른 개발도상국에서 누리고 있다.

선진국에서 태어난 사람들은 선대에서 물려받은 기술과 자본을 기반으로 계속 선진국 국민으로 살고 후진국에서 태어난 사람은 선조 때문에 계속 기아와 고통 속에서 살아간다는 것은 너무 불공정한 처사가 아니겠는가? 세계화를 통한 개방이란 태어난 국가의 제약을 뛰어넘을 기회를 지구촌의 모든 인류에게 제공하는 것이다. 그래서 세상이 공정해지고 삶이 좀 더 아름다워지는 것이다.

세계화라는 개념은 제2차 세계대전의 종결을 앞둔 1944년에 처음 만들어졌다. 하지만 대중에 널리 알려지고 관심을 받게 된 것은 1983년에 하버드대학의 경영학자 시어도어 레빗 Theodor Levitt이 『하버드 비즈니스 리뷰』에 「시장의 세계화 Globalization Of Markets」라는 논문을 게재한 이후부터이다.

물론 국가 간 시장 개방을 염두에 둔 세계화 정책은 미국과 영국에서 레이건과 대처가 정권을 잡은 1981년 이후부터 본격화된 것으로 생각하지만 사실은 제2차 세계대전 종전 이후의 세계적 흐름의 연장 선상에 있다. 물론 레이건이나 대처가 추구한 추가적인 개방정책은 미국과 영국 같은 선진국이 봉착한 경제위기를 돌파하려는 방법이었다. 하지만 그런 개방정책이 실질적인 도움을 받은 것은 한국과 같은 아시아의 신흥국이었다.

우리나라에서는 미국에서 세계화에 대한 논의가 본격화된 1980년대 초반에서 10년이 훌쩍 지난 어느 날 당시의 김영삼 대통령이 국외의 어떤 행사에 다녀온 직후 갑자기 '세계화'라는 단어를 부각하면서 논의가 본격화됐다. 김영삼 대통령은 '세계화'를 정말 세게 밀어붙였다. 그런데 앞뒤 재지 않고 밀어붙인 그 '세계화'가 예기치 않았던 후폭풍을 불러왔다.

대통령이 세게 밀어붙이니 많은 부분에서 급격한 시장개방이 이뤄졌다. 다른 부분도 문제가 있긴 했지만 가장 큰 문제는 제대로 준비되지 않는 금융분야에서 왔다. 자율화된 금융을 통제하는 방법이나 시스템적 대비 없이 도입된 개방은 금융시장에 엄청난 파문을 불러왔다. 그리고 그 파장은 IMF 구제금융이라는 국가부도 사태까지 몰고 갔다. 준비 안 된 세계화의 후폭풍을 전 국민이 엄청나게 세게 맞은 것이다. 그럼에도 지금에 와서 되돌아보면 그 '세계화'가 우리의 경제 체질을 확실하게 성장시켰다는 것은 백 번 당연한 말이다. 그렇다고 그분의 세계화 방법론이 맞았다고 말하는 건 당연히 아니다.

많은 사람이 단점을 이야기하지만 세계화는 인류 전체의 차원에서 보면 긍정적인 효과가 훨씬 많았다. 그럼에도 2008년 금융위기 이후 세계화의 흐름은 위기에 처했다. 많은 민간단체와 이권단체가 세계화가 빈부격차를 강화했다고 주장하며 반세계화 운동을 전개하고 있다. 그들은 세계화의 추세를 뒤로 돌리라고 정부에 강한 압박을 가하고 있다. 세계화가 국가 내의 빈부격차를 강화하는 경향이 있는 것은 사실이다.

그러나 빈부격차와 관련해 좀 더 다른 시각으로 볼 필요가 있다. 그들은 세계화가 국가 간의 빈부격차를 급격하게 줄여주었다는 점은 계산에 넣지 못하고 있다. 세계화된 시장정책이 한국 같은 나라에도 기회를 주었지만 과거 식민지였던 후진국이나 공산주의라는 잘못된 경제실험에서 벗어난 국가에 상당한 기회를 주었다. 만약 개방적 기회가 없었다면 중국, 베트남, 인도네시아와 같은 국가는 아직도 엄청난 가난 속에서 살아갈 수밖에 없었을 것이다.

문제는 경제는 세계화가 됐지만 정치는 국내 단위로 이뤄지기 때문에 정치인들은 세계적 관점에서 국가 간의 빈부격차 해소나 전체 인류가 누리는 부의 증가에는 관심이 없다는 것이다. 정치인은 오로지 자기에게 표를 줄 수 있는 사람에게만 관심을 기울이게 마련이다.

이런 반세계화 운동의 증가에 대해서 하버드대학의 경제사학자인 니알 페르구손Niall Ferguson은 "반세계화 운동은 역사의 완벽한 반복과 세계화의 붕괴를 의미한다."고 이야기했다.

세계화, 개방, 반세계화는 어제오늘 새롭게 나타난 현상이 아니다.

세계경제는 이미 반세계화가 가져오는 엄청난 고통을 이미 경험한 적이 있다. 과거의 교훈을 한번 살펴보자. 과거 1929년 대공황을 맞은 미국 정부는 엄청나게 당황한다. 한 번도 그런 사태를 맞아본 적도 없고 당시의 경제학자들도 그런 현상의 원인과 해결책을 제대로 설명하지 못했다. 당시 정치인들은 그간의 지나친 개방이 문제의 원천이었다고 판단했다. 아니 그렇게 판단하도록 강요당했다. 그리고 폭증하는 국내의 실업자를 보호하라는 이익단체의 강력한 요구에 굴복했다.

당시 미국의 실업률은 하늘을 향해 날아가고 있었다. 결국 미국의 정치인들은 대공황이 벌어진 다음 해인 1930년 6월에 스무트 할리 관세법Smoot Hawley Acts을 통과시킨다. 의도는 좋았다. 국내의 실업자들을 구제하기 위해서 수입을 제한하고 그 대체품을 생산하는 기업을 양성해 일자리를 창출해보겠다는 것이다. 그러나 그 조치는 죽어가는 환자에게 독약을 먹인 꼴이었다.

나는 그 당시의 정치인들을 이해한다. 당시만 해도 경제적 지식이나 경험이 충분하지 못했기 때문에 그런 엄청난 만용을 부릴 수도 있었다고 생각한다. 그런 사태를 경험해보지 못했기 때문에 그런 실수를 할 수도 있었다고 이해한다. 그건 무지의 차원이다. 하지만 그때 했던 실수가 어떤 파국을 몰고 왔는지를 잘 아는 현대의 정치인들이 표의 유혹에 굴복해 우리 시대에 똑같은 조치를 한다면 용서가 안 될 것 같다. 그건 무지의 문제가 아니라 도덕과 윤리의 문제이기 때문이다. 세계가 어떻게 되든 나만 표를 얻어서 당선되면 된다는 몰윤리의 차원이기 때문이다.

물론 당시에도 미국에서 1,000명이 넘는 경제학자들이 그 법안에 반대하는 청원서를 내면서 경제가 파국으로 갈 수 있다고 호소했지만 법안은 통과됐다. 그리고 미국 정부는 즉시 2만 개 이상의 상품에 60퍼센트까지 높은 관세를 부과했다. 다른 나라의 미국 수출길이 막힌 것이다. 이런 조치에 격분한 다른 나라 정상들은 손을 놓고 있지 않았다.

미국 상품에 대해서 비슷한 관세를 부과하는 보복조치를 취했다. 몇 달 사이에 세계 교역량은 절반 이상 줄어들었다. 그리고 미국이 수출하던 주요산업의 생산량이 절반 이상으로 줄어버렸다. 국제적 분업이 가져다주는 엄청난 이점이 바람과 함께 사라져버린 것이다. 그리고 전 세계의 경기는 바다을 뚫고 지하로 계속 파고 들어가게 됐다. 공황의 고통은 이 법안으로 전 세계로 전파됐고 대공황은 생각보다 엄청나게 오래갔다. 그 여파는 결국 제2차 세계대전 개전 때까지 계속됐다.

여러분은 제2차 세계대전의 진짜 원인이 뭐라고 생각하는가? 콧수염 달린 그 사나이의 선동질에 속은 순진한 독일 국민? 일본의 국왕과 군부의 선동질에 속은 순진한 일본 국민? 그렇다고 생각하면 여러분은 너무 표면적인 것만 더듬고 계신 것이다.

미국을 시작으로 각 선진국이 경제블록을 높게 쌓고 나니 신흥경제국들이 더 큰 어려움에 부닥치게 됐다. 그래도 기존의 강자들은 상품의 시장이자 원료의 공급처인 식민지를 충분히 보유하고 있었다. 미국은 식민지가 없어도 엄청나게 넓은 땅과 자원을 보유하고 있었다. 그러나 독일과 일본은 상황이 달랐다. 그들은 식민지도 자원도 부족했다. 특히 그들은 산업의 기반인 석유자원 대부분을 수입에 의존하고 있었다.

국토가 좁은 독일과 일본은 대공황 전까지는 그나마 뛰어난 기술에 기반을 두어 공업을 발전시키고 선진국에 상품을 수출해 먹고 사는 처지였는데 원료 가격의 급등과 동시에 수출길이 일시에 막혀버린 것이다. 바뀌어버린 패러다임에서 독일과 일본은 먹고 살 길이 없었다. 유일하게 그들이 살 길은 상품시장이자 원료 공급처인 식민지 영토를 확보하는 수밖에 없었다.

그리고 국가 경제가 어려워지고 국민의 생활여건이 극도로 나빠지자 양국의 국민은 경제를 살리겠다는 공약을 하는 정치인들을 지지할 수밖에 없었다. 그들도 일단 살아야 하지 않겠는가? 그래서 독일은 콧수염 달린 그 친구에게 표를 몰아주었고 일본은 군부에 힘을 실어주었다.

일본은 이미 확보한 한반도를 지나 만주로, 중국으로, 베트남으로, 필리핀으로, 인도네시아로 군대를 보내 영토를 확장했다. 한편 독일은 폴란드를 침공하고 프랑스로, 이집트로, 북아프리카로 진출한다. 제2차 세계대전은 콧수염 달린 그 사나이와 쫄바지 입은 독일 장군들이 일으킨 게 아니다. 그 전쟁의 씨앗은 1930년에 표에 욕심이 팔린 그 정치인들이 심은 것이다.

보호주의가 위험한 이유는 그것이 국내의 유권자들에게 매력적으로 보일 수 있기 때문이다. 하지만 유권자들은 우리나라가 어떻게 움직이느냐에 따라 경쟁 국가도 같이 움직일 수 있다는 점을 생각하지 않는다. 눈앞의 달콤한 꿀에 본능적으로 끌릴 뿐이다. 그게 문제다. 요즘과 같은 경제위기가 올 때마다 정치인들은 보호주의 정책으로 유권자들의 환심을 사고 싶은 유혹을 느낀다. 정치인들의 심정을 모르는 바 아니다.

아무리 대의와 큰 비전이 있어도 국민으로부터 표를 받지 못하면 아무것도 할 수 없는 것이 정치인이다. 어떻게든 표를 얻어야 뭐라도 할 수 있다. 당선되지 않은 정치인은 존재감도 없고 따라서 아무것도 할 수 없다. 그래서 정치인들이 표에 목숨을 걸 수밖에 없다는 것은 충분히 알고 있다. 그러나 지켜야 할 금도는 분명히 있다.

본인이 정치하는 이유가 우리 세상을 좀 더 나은 상태로 만들어보겠다는 것 아닌가? 그렇다면 우리의 미래를 팔아 오늘의 표를 사는 행동은 금기로 삼아야 하는 것은 지극히 마땅하다. 앙겔라 메르켈 독일 수상은 다음과 같이 말했다.

"우리는 개방적인 세계경제를 필요로 합니다. 보호주의야말로 일시적인 불경기에서 불황으로 가는 아주 확실한 길입니다."

정말 양식 있는 정치인이 아닐 수 없다. 그래서 메르켈 수상이 어려운 여건 속에서도 계속 국민의 신임을 받고 연임을 하는 것 아니겠는가?

우리에게는 세계화 경쟁력이 있다

앞으로도 세계화, 개방, 하나로 통합돼가는 것을 막을 수 없는 추세이다. 물론 잠깐씩의 퇴조는 있을 수도 있지만 물이 아래쪽으로 흐르고 엔트로피가 증가하는 쪽으로 진행되듯이 그 과정은 막을 수 없다. 그런 세계화를 염두에 두고 여러분의 미래를 준비해야 한다. 여러분의 세대 그리고 그다음 세대는 좀 더 세계화된 환경에서 살 것이다.

정말 다행히도 세계화를 받아들이는 자세에서 한국인들은 엄청난 강점이 있다. 우리는 이미 초등학교 때부터 영어를 가르친다. 이웃나라 일본은 여러 번의 정치적인 공방이 있었지만 지금 5학년부터 영어를 가르치고 있다. 그리고 우리의 결정적인 차이점은 외국에 대한 두려움이 없다는 점이다. 반면 이웃나라 일본은 외국 주재원으로 나가는 것을 극도로 싫어한다. 원래 태생적으로 안정적인 환경에서 벗어나는 것을 두려워하는 편이지만 외국 주재에 대해서는 상당히 불편해한다.

일본에서는 외국 주재원으로 나갈 때 가족을 동반하는 것이 극히 예외적이다. 우리는 어떤가 보라. 외국에 나갈 때 가족을 동반하는 것은 지극히 당연한 것으로 생각한다. 우리에게 가족은 죽어도 같이 죽고 살아도 같이 사는, 그야말로 절대 떨어지면 안 되는 최후의 보루가 아니겠는가. 그래서 회사에서 주택을 지급하고 주재수당을 별도로 책정해서 지급한다. 따라가는 아이들을 위해 현지 국제학교에서 공부할 수 있도록 별도의 학비도 책정해 지급한다. 주재원들은 이 참에 우리 아이들을 국제환경에서 공부시켜보자. 그것도 회사 비용으로. 이런 심정으로 접근한다.

그리고 한동안 공포의 시월드(시댁)에서 완전히 벗어날 수 있다는 것은 부인들에게 얼마나 행복한 일이겠는가. 인도네시아 자카르타에 출장을 갔다가 만난 후배가족이 저녁을 같이하면서 그런 이야기를 했다. 자카르타의 주재원 부인들은 남편이 발령을 받으면 4번을 운다고 한다. 첫 눈물은 말도 안 통하는 그 후진국에 가서 어떻게 사냐고 한탄하며 흘린다고 한다. 두 번째 눈물은 현지에 나가서 흘린다고 한다. 너무 좋아서. 세 번째 눈물은 귀국발령을 받고 흘린다고 한다. 한국에 들어가기 싫어서. 그리고 네 번째 눈물은 한국에 들어와서 흘린다고 한다. 다시 나가고 싶어서. 한국의 아주머니들도 최강의 세계화 자질을 보유한 것이다. 그런데 한국이 글로벌 강자가 안 되겠는가?

그리고 정부에서도 외국 주재원의 자녀는 대학입시에서 별도의 전형을 통해 상당 수준 우대를 해준다. 그러니 신 나는 것 아니겠는가? 그 공포의 사교육에서도 다소간 해방되고 영어와 현지어를 익히고 일거양득이다. 그러나 한국인의 특성이 어디 가겠나. 한국인 주재원들이 많이 거주하는 외국 도시지역에는 당연하다는 듯이 '공포의 학원'이 따라간다. 한국인의 사교육 열풍은 정말 아무도 말릴 수가 없다.

뭐 어찌됐든 그렇게 주재원의 자녀로 외국 현지 생활경험을 가진 아이들은 차세대에 한국의 세계화 전략에 가장 중요한 전략적 자산이 될 수 있다. 난 그게 아주 좋다. 이런 관행에 대해서 일본사람들은 이해하지 못한다. 왜 위험한 외국에 가족을 데려가느냐는 것이다. 일본 주재원들은 백이면 백, 가족을 본국에 두고 혼자 간다. 가족을 데려가는 한국인을 이해하지 못한다. 어떻게 그렇게 만용을 부리느냐는 것이다. 왜 그렇게 큰 집을 임대해주느냐, 왜 그렇게 주재수당을 많이 주느냐, 왜 자녀 학비는 별도로 지급하느냐 등 일본의 인사담당자를 만나면 외국 주재 시스템과 관련해 질문이 많아질 수밖에 없다. 그들은 우리를 잘 이해하지 못하는 것이다.

일본인 주재원들은 가족을 본국에 두고 가다 보니 외로울 수밖에 없다. 그래서 대부분의 일본 기업 주재원들은 주재국에 나가는 순간부터 달력에 가새표를 긋는다. 하루가 또 지나갔다. 복귀할 날짜가 하루씩 다가오고 있다는 것이다. 우리나라 군대에서 말년 병장이 하는 짓을 하는 것이다. 틈만 나면 휴가를 얻어서 가족을 보러 본국에 들어갈 생각만 한다. 그러니 우리나라 주재원들처럼 이왕 여기 온 김에 끝장을 내보자는 각오가 생기지 않는 것이다. 이런 우리에게 세계화 경쟁력이 있겠나 없겠나. 우리에게 가능성이 있겠나 없겠나!

세계화는 어디로 가야 하는가?

전세계 모든 국가가 세계화의 대상 범주가 될 수 있을까? 나는 아니라고 본다. 유럽과 일본과 같이 이미 경제가 성숙했고 인구가 줄어드는 곳은 우리와 똑같은 고민을 하고 있다. 어떤 학자는 그래도 장기적으로 보면 금액기준으로 미국의 성장이 제일 크다고 말하며 이왕 할 거면 미국이나 유럽으로 쳐들어가라고 조언을 한다. 그런데 난 아니라고 본다.

우리보다 더 강한 경쟁력을 갖추고 있는 그 국가의 대기업들이 이미 머리 터지게 경쟁하는 곳에 들어가서 어쩌라고? 그런 곳을 비집고 들어가서는 상대적으로 승산이 없다고 본다. MBN의 강상구 기자가 쓴 책 『마흔에 읽는 손자병법』의 첫 번째 장 내용이 '싸울 자리를 보고 싸워라.'이다. 즉 이길 수 있는 싸움만 하고 질 것이 뻔한 싸움은 아예 시작하지 말라는 것이다. 당연한 말씀이다. 미국시장에 쳐들어가는 건 싸울 자리를 보지 않고 들어가는 것이다.

결국 가능성이 높은 국가는 앞으로 인구가 성장할 것으로 판단되는 국가이다. 우리가 흔히 브릭스BRICs라고 해서 브라질, 러시아, 인도, 중국을 새로운 성장국가로 생각하는데 내 생각은 좀 다르다. 인구라는 변수를 넣어서 생각해봐야 한다. 러시아는 천연자원이 풍부하다는 특유의 장점은 있으나 미국이나 중국의 셰일가스 개발이 지속될 때 앞으로 원유나 가스의 가치가 급격히 떨어질 수 있다. 더구나 그들은 인구가 줄어들고 있다는 치명적인 단점이 있다.

중국도 그렇다. 중국의 미래에 대한 여러 가지 엇갈린 주장이 있지만 나는 좀 비관적으로 본다. 인구 문제 때문이다. 어떤 학자들은 아직도 중국의 시골에서 농사를 짓는 유휴인력이 있고 그들이 산업화에 투입된다면 지속적인 성장세를 유지할 수 있다고 한다. 그러나 그

약발도 얼마 가지 못할 것이다. 농사를 짓고 있는 그 유휴인력도 급격하게 고령화되고 있기 때문이고 중국의 시골에서도 젊은 친구들은 대부분 대도시로 나가 있고 노인층만 남아서 농사를 짓고 있다.

한 자녀 정책은 인구증가세를 잡았으나 그 대가로 고령화가 생각보다 빨리 중국경제에 부메랑으로 돌아올 것이다. 최근 중국 정부는 부모 모두 형제자매가 없는 독자일 경우 두 자녀까지 낳을 수 있도록 제도를 바꾸는 안을 검토 중이라는 이야기를 들었다.

하여튼 중국 공산당은 대단하다는 생각을 지울 수 없다. 어떻게 애 낳는 것까지 강제로 그렇게 할 수 있는지 모르겠다. 그리고 중국은 점차 급증하게 될 노인층에 대한 사회적 복지 시스템이 전혀 없다. 급격하게 늘어나는 노인인구를 어떻게 부양할 것인지 걱정이다. 이 부분에 대한 사회적 비용은 엄청나게 불어나 성장의 발목을 잡을 것이다.

나는 앞으로 기회가 많이 있는 국가는 인구가 증가하는 국가라고 생각한다. 대표적으로 베트남, 인도네시아, 미얀마, 파키스탄 같은 국가다. 그다음에는 아프리카다. 내가 아프리카의 가능성을 이야기하면 갸우뚱하는 사람들이 많은데 아시아 다음으로 반드시 뜨게 되는 국가이다. 아프리카의 면적은 한반도의 138배이고 중국, 유럽, 브라질, 인도를 다 합한 것보다 더 크다. 그들이 아직도 「타잔」 영화에 나오듯이 가죽 팬티를 입고 얼굴에 그림 그린 채 창 들고 다니며 기아에 허덕이고 있는 것 같은가? 2010년도의 아프리카 대표국가의 경제성장률이 다음과 같다. 콩코(9.1퍼센트), 잠바브웨(9.0퍼센트),

보츠나와(8.6퍼센트), 나이지리아(8.9퍼센트), 에티오피아(8.0퍼센트).

놀랍지 않은가? 세계경제 위기 와중에도 그렇다. 위기가 좀 진정되면 어떻게 될 것 같은가? 아프리카라고 하면 자꾸 「타잔」 영화나 떠올리고 소말리아의 해적만 생각하는데 전혀 그렇지 않다. 인구는 어떤가 볼까? 대표적으로 나이지리아 같은 경우 1950년에 3,670만 명, 1970년에 5,650만 명, 2010년에 1억 5,650만 명으로 인구가 폭발적으로 늘어나고 있다. 심지어 2050년에는 인구가 2억 8,000만 명까지 증가할 것으로 예상된다. 그런데도 아프리카에 왜 관심을 안 두겠는가?

그런데 혹자들은 그런 이야기를 한다. 그 국가들이 자본이나 기술이 부족해서 경제성장에 장애가 있다고. 당신도 그렇게 생각이 드는가? 그건 옛날 옛적의 사고방식이다. 세계경제가 개방화되고 세계화되면서 자본이나 기술은 국경의 장애를 쉽게 넘어가고 이전된다. 어떤 지역이든 어떤 국가든 기회가 있다면 언제든지 뛰어들 자본은 줄을 서 있다.

그런데 여러분은 어떤가? 그런 국가에 관해서 관심이나 있는가? 거기에 상대적으로 가능성이 매우 높은 기회가 있는데 말이다. 앞으로 그런 국가에 대한 조금의 전문성이라도 있는 사람들은 높은 몸값을 받을 수 있을 것이다. 여러분이 무슨 일을 하든 어떤 업종에서 일하든 그런 국가에 우리의 성장 가능성이 있다는 사실을 유념하고 있어야 한다.

디레버리징과 디플레이션 시대에 어떻게 살아 남을 것인가?

그건 그렇고 다시 위기의 문제에 대해서 생각해보자. 미국은 여전히 경제상황이 좋지 않다. 베이비붐 세대들이 은퇴하면서 소비 감축이 계속되고 있고 과도하게 쌓여 있는 부채의 해소과정이 계속되고 있다.

해리 덴트라는 미국의 학자는 2013년에서 2015년까지 역사상 최대 부채의 구조조정이 일어나 세계가 심각한 디플레이션 상태에 빠질 것이라고 경고한 바 있다. 그리고 2020년까지는 상품, 주식, 부동산 시장이 동시에 하락하는 디레버리징의 시대가 계속되리라 예측했다. 원래 해리 덴트가 좀 어두운 쪽으로의 '뻥쟁이'라는 평가를 받고 있지만 내 생각에 그 말이 틀린 것은 결코 아닌 것 같다.

한국도 마찬가지이다. 이야기한 대로 경제활동을 하는 인구가 줄어들면 국부의 창출이 줄어들게 되는 것이고 수입의 양이 적어지니 소비도 당연히 줄어들 것이다. 그러면 경제는 추가로 위축될 수밖에 없다. 더구나 2020년부터는 한국에서도 베이비붐 세대의 은퇴가 본격화된다. 그들은 은퇴하면서 가지고 있는 부동산이나 투자자산을 처분해서 빚부터 갚으려 할 것이다. 그러면 그때부터 한국도 대규모 부채의 구조조정기에 들어갈 것으로 예상한다. 그렇게 되면 추가로 부동산이나 주식 가격은 내려갈 수 있다.

해리 덴트는 우리가 앞으로 봉착하게 되는 디레버리징과 디플레이션 시대에 살아남을 수 있는 방법을 두 가지 추천했다. 첫 번째는 절대로 빚지지 말라는 것이다. 대부분의 자산 가치가 떨어지는 마당에 빚을 얻어서 무엇을 산다는 것은 바로 죽음으로 가는 길이다. 사둔 부동산이나 주식 가격이 내려가면 빚을 얻어서 그것을 사둔 사람의 속은 새까맣게 타들어갈 것이다. 더구나 매월 이자를 낼 때는 세상이 뒤집어지는 느낌까지 들 수 있다.

혹자는 미국이 지금의 금융위기를 극복하기 위해서 엄청나게 돈을 많이 풀었기 때문에 그 풀린 돈들의 영향으로 강력한 인플레이션이 올 것이라고 주장한다. 물론 이론상으로는 맞는 말이다. 금리를 지나치게 낮게 책정하든지 인위적으로 돈을 찍어서 시장에 과잉 유동성을 공급하면 시중에 있는 돈의 가치는 떨어지고 실물 자산의 가치가 올라간다는 것은 경제학 원론에 나오는 상식이다. 하지만 실물경제의 모든 것이 한두 가지의 요인에 의해 결정되는 것은 아니라는 점을 염두에 두어야 한다.

지금까지 몇 년간 미국이 그렇게 돈을 많이 풀었는데 물가는 거의 안 올랐다. 그런데 지금 미국은 출구전략을 열심히 준비하고 있다. 미국은 많이 풀려 있는 돈을 다시 거둬들일 것이라는 신호를 계속 시장에 주고 있다. 그러면 물가는? 실물자산 가격은? 반드시 떨어지지 않겠는가?

두 번째 생존방법은 지금 다니는 직장을 지키라는 것이다. 이런 때일수록 가장 확실한 생존방법은 지금 자리를 지키는 것이다. 다른 곳의 유혹이 있다고 하더라도 지금 있는 곳에서 최선을 다하고 거기서 살아남으라는 처방이다. 새로운 사업기회를 발견해서 창업한다? 정말 확실한 기회가 아니라면 시도하지 말라는 것이 해리 덴트의 주장이다. 여러분도 가능하면 절대 다른 곳을 쳐다보지 말고 지금 있는 곳에서 최선을 다해서 살아남아라. 옛날에도 강을 건널 때는 절대 말을 갈아타지 않는다고 했다.

질문 11

Who are Koreans?
한국인은 누구인가?

　여러분은 한국인이 매우 독특한 존재라는 사실을 알고 있는가? 우리가 뭔가 독특하다는 느낌은 있지만 그 동아리 내부에서만 살다 보면 잘 모를 수 있다. 우리의 독특한 특성을 하나씩 살펴보자.

　1999년 벨기에에서 코카콜라를 마신 100여 명이 복통과 구토를 일으켰다. 병의 세척과정에 이물질이 들어간 것이다. 이 외신이 전해진 지구 반대편 한국에서 당장 코카콜라 매출이 급격히 떨어졌다. 코카콜라 본사는 한국에서만 나타난 유별난 현상에 놀라 조사에 나섰다. 코카콜라 측에서는 국내 제품에는 이상이 없다고 해명했지만 소용이 없었다. 결국 애꿎은 한국 지사장만 물러났다고 한다.

　한국 사람들은 화끈하다. 너무 화끈해서 양은냄비 같다. 그런 일이 벌어지면 일시에 전 국민이 극도로 분노하면서 젓가락을 딱 놔버린다. 그런 행동을 딱 두 달 동안 집중적으로 한다. 그런데 두 달만 지나고 나면 언제 그런 일이 있었느냐는 듯이 전 국민이 일시에 다 잊어버리고 과거와 똑같이 먹는다. 두 달이면 충분하다. 그 업계의 회사들은 충분히 무너질 수 있기 때문이다.

코카콜라만 그랬던 게 아니다. 그간에 있었던 한국인들의 단결된 힘을 되돌아보자. 중국산 김치에서 기준치 이상의 납 성분이 발견됐다고 언론에 나왔다. 그리고 한국산 김치도 마찬가지라는 보도도 잇달았다. 전 국민이 시중에서 판매하는 김치를 끊었다. 딱 두 달간……. 그리고 김치를 만드는 업체들은 종갓집이나 풀무원 같은 대기업을 제외하고 다 망했다. 그런데 납 성분은 식약청의 기준치 이하였다.

음식 쓰레기로 만두소를 만든다는 보도가 나왔다. 전 국민이 만두를 딱 끊었다. 억울하다고 호소하던 한 중소기업 사장은 한강에서 투신 자살까지 했다. 만두를 만드는 중소기업은 그때 다 망했다. 그런데 쓰레기 만두소로 만든다는 것은 과장된 보도였다.

시중에 파는 골뱅이 통조림에서 포르말린이 검출됐다는 보도가 나왔다. 전 국민이 골뱅이를 딱 끊었다. 골뱅이 통조림을 만드는 중소기업은 그때 다 망했다. 그런데 검출됐다던 그 포르말린 성분은 자연상태에서 존재하는 수준보다 낮은 수치였다. 하여튼 한국인의 일치단결하는 힘은 대단하다. 그래서 잘못 걸리면 한방에 간다.

알고 보면 한국인은 지상 최대의 특이 민족이다. 세계 3위의 경제대국인 일본을 우습게 아는 유일한 민족이다. 걔들한테 지고는 절대 못 산다. 무조건 이겨야 한다. 피겨스케이트, 야구, 농구…… 무조건 다 이겨야 한다. 특히 '축구!' 이건 지면 큰일 난다. 우리가 일본을 우습게 보고 있지만 그들은 우리보다 2.5배의 인구를 가진 국가이다. 그런데 뭐든 지면 안 된다. 만약에 지게 되면 고개를 푹 숙이고 전 국민에게 죄인이 된 심정으로 공항에 들어와야 한다. 그리고 사과를 해야 한다. 안 그러려면 아예 대한해협에 빠져 죽어야 한다.

우리는 세계 유일의 분단국가이다. 분단됐던 독일이나 예멘은 진작에 통일이 됐다. 그런데 우리는 아직도 감감무소식이다. 둘로 나뉘는 것으로도 부족한지 동서로도 나뉘어서 분열과 반목을 한다. 그걸로도 뭔가 부족한 느낌이 드는지 최근에는 '충청도'도 나선다. '나도 있다!' 하면서.

그러면서 세계에서 거의 유일한 단일민족이라는 엄청난 착각을 하며 산다. 토종을 무지하게 좋아한다. 당연히 나도 신토불이라는 말을 믿는다. 음식이라는 것은 이동거리가 멀면 아무래도 신선도가 떨어지고 배송에 화석연료를 많이 소모할 수 있으니 가까운 데서 생산된 것이 좋다는 생각이다.

하지만 도저히 이해가 안 되는 대목이 있다. 서해는 중국과 연결돼 있다. 바다 전체가 대륙붕이니 물고기들이 왔다 갔다 계속할 것이다. 그 물고기를 우리 배가 잡으면 국산이고 중국 배가 잡으면 중국산이다. 가격은 엄청나게 차이가 난다.

경쟁력은 또 어떤가. 소위 나쁘다는 타이틀을 우리가 다 차지한다. 암 사망률, 음주 소비량, 양주 수입률, 교통사고 사망률, 청소년 흡연율, 이혼율, 출산율, 자살률 등 소위 악덕 타이틀에는 3위권 밖으로는 벗어나지 않는 유일한 종족이다. 잠깐 방심을 해서 3위권에서 밀려나면 다음 해에 각고의 노력을 다해서 반드시 등수 안에 들어가는 근성도 있다.

IMF? 상대도 안 된다. IMF 구제금융을 받고 2년 남짓한 신기록으로 구제금융체제에서 벗어나 버리는 이해가 안 되는 종족이다. 많은 경제학자가 그럴 거면 IMF는 왜 갔느냐고 반문한다. 그러나 그들이 모르는 것이 있었다. 전 국민이 장롱 속에 숨겨두었던 금을 몽땅 들고 뛰어나올 줄은 아무도 몰랐다.

자기 나라 축구 리그 선수 이름도 모르고 축구장은 완전히 썰렁하지만 월드컵 때는 700만 명이 빨간 옷을 입고 거리로 뛰쳐나와 외신으로부터 카메라 조작이라는 말까지 들었던 종족이다. 오랜 세월 동안 월드컵 본선에 들었지만 단 1승도 못했다. 가장 잘한 게임이 비긴 것이었다. 그러던 국가가 한 방에 4강까지 후딱 해치워 버리는 미스터리 종족이다. 그러면 뭐 하나. 끝나자마자 바로 원래 자리로 돌아가 버리는 이해가 안 되는 허무 종족인데.

돈벌레라고 불리는 유대인을 하루아침에 게으르게 보이게 하는 엄청난 생활 패턴의 종족이다. 출장과 여행으로 여러 나라를 가봤지만 새벽 2시 동대문 같은 곳은 본 적이 없다. 아예 잠이라는 것이 없는 민족 같다. 세계 대도시의 번화가도 밤 10시면 불이 다 꺼진다. 그런데 우리는 그때부터 시작한다.

조기 어학 연수비용은 세계 1등이면서 영어실력은 항상 세계 100등이다. 그러면서도 세계 우수대학의 1등 자리는 휩쓸고 다닌다. 지난 10년간 미국 대학에서 박사 학위를 취득한 사람들의 출신 학부를 조사한 연구결과 1위가 버클리대였고 2위가 서울대였다. 그 잘났다는 하버드대, 예일대, MIT대도 모두 발밑이다. 서울대의 한 해 졸업생이 4,000명 미만이고 버클리대학이 1만 명이라는 점을 계산에 넣으면 진짜 엄청난 숫자가 아닐 수 없다. 그리고 그 외국대학에서 학부를 졸업한 사람들로만 범위를 좁혀서 미국의 박사 학위자를 따지면 10위권 내에 무려 4개의 한국 학교가 들어가 있다. 서울대, 연세대, 고려대, 한양대다.

매일 아침 7시 40분에 등교해서 밤 10시, 11시까지 수년간을 공부하는 엄청난 인내력의 청소년들이 버티고 있는 미스터리 종족이다. 세상에 이런 나라는 절대 있을 수가 없다. 초등학교 고학년이 되면 벌써 대학입학시험 준비에 들어간다. 중학교에 들어가면 애를 눕혀놓고 머릿속에 지식을 마구 구겨 넣는다. 머리가 터질 정도로 공부를 시킨다. 언제까지? 수학능력시험 보는 바로 전날까지. 고3 학생들의 지적 능력은 당연히 세계 최강이다. 감히 범접할 나라가 없다. 그러면 뭐 하나. 대학에 들어가자마자 턴다, 머리를. 다 털어낸다. 그리고 기업에 입사할 시점이 되면 텅 빈 머리가 된다. 한 마디로 허무하다.

비쌀수록 많이 사서 경제학의 기본인 수요와 공급 원리를 간단히 깨어버리는 희한한 종족이다. 아무리 큰일이 닥치고 또 열 받는 일이 닥쳐도 1년 내 다 잊어버리고 끊임없이 되풀이하는 메멘토 종족이다. 해마다 태풍과 싸우면서 다음 해도 그다음 해에도 똑같은 피해를 계속 입는다. 남들이 보면 대자연과 맞짱 한 번 떠보자는 엄청난 종족으로밖에 안 보인다. 목소리 큰 놈이 이기는 야생 종족이다. 6년 넘게 영어공부만 하고도 외국인을 만나면 묵언 스님이 돼버리는 허무 종족이다.

조폭 영화는 왜 그리도 좋아하는지. 2002년 월드컵 당시 한국과 일전을 앞둔 이탈리아의 공격수 비에리가 그런 말을 한 적이 있다. 이 친구가 원래 권투선수 출신이라서 축구를 격투기처럼 하는 난폭한 선수였다. 그는 그때 평소 무식하다고 낙인이 찍힌 자신의 이미지를 고쳐보려고 셰익스피어의 4대 비극 중 하나인 『맥베스』에 나온 대사를 인용해 자신감을 피력했다.

"아시아 국가가 우리를 이긴다고? 여자가 낳은 놈들이라면 절대 우리를 이길 수 없지."

그런데 졌다. 하지만 비에리가 한 그 말은 맞았다. 무슨 일이 벌어진 걸까? 비에리가 몰랐던 것이 있었다. 대한민국이 제왕절개 수술률 세계 1위인 걸 몰랐던 것이다. 지금도 제왕절개 수술률은 40퍼센트에 가깝다고 한다. 그렇게 따지면 운동장에서 뛰고 있는 11명 중 4명은 여자가 낳은 게 아니고 의사가 꺼낸 것이다. 의사가 꺼낸 애들한테 이탈리아와 비에리는 진 것이다. 그래서 한국인은 합리적인 추론만으로는 예측이 안 되는 종족이다.

사회 정의인가, 친구와의 의리인가

그런데 그보다 더한 게 하나 있다. 다음 질문에 여러분은 어떻게 대답하겠는지 생각해보라.

"당신은 가까운 친구가 모는 차를 타고 도로를 달리고 있었는데 불행하게도 보행자를 치고 말았다. 제한속도 30킬로미터인 시내구간에서 친구는 55킬로미터로 과속을 했던 것이다. 당시 속도를 위반한 사실을 목격한 사람은 아무도 없었다.

그런데 우리 측 변호사가 만약 법정에서 당신의 친구가 30킬로미터 속도를 지키면서 운전하고 있었다고 거짓 증언을 해준다면 당신 친구가 중대한 벌을 면할 수 있을 것이라는 언질을 주었다. 자, 이런 상황에서 당신은 어떤 행동을 취할 것인가?"

당연히 보험회사에서 상대방에게 피해보상은 충분히 해준 상태이고 형사 처분에 관한 판단만 남은 상태이다. 자, 그러면 여러분은 그럴 때 어떻게 답할 것인가? 친구를 위해 30킬로미터? 아니면 친구고 뭐고 다 필요 없고 사회정의를 위해서 55킬로미터?

다소 재미를 위해 던지는 질문 같지만 이건 학술적 목적으로 시행된 설문이었다. 네덜란드의 경영학자인 폰즈 트롬펜나스Fons Trompenaars가 여러 국가의 직장 내 관계유형에 대해서 비교연구를 하기 위해서 조사를 했다. 연구결과에 의하면 한국인이 법정에서 진실을 증언할 확률은 26퍼센트라고 나왔다. 트롬펜나스는 38개 국가를 조사했는데 법정에서 진실을 말할 확률에서 한국이 정확히 38위를 했다. 그런데 내가 아는 어떤 친구는 이 조사결과를 믿을 수 없다고 이야기했다.

"아니, 대한민국에 절친한 친구를 배신하고 친구가 구속되든 말든 법정에서 55킬로미터를 이야기할 소갈머리가 100명 중 26명이나 된다고? 절대 그럴 리가 없어. 이 조사는 뭔가 잘못된 거야."

물론 조사 대상이 외국계 기업에 근무하는 한국인으로 한정돼 있어서 결과가 그렇게 나왔을 수도 있다. 언뜻 보면 26퍼센트라는 비율이 우리의 예상보다 높다는 생각이 들 텐데 그 비율조차 서구 국가들과 비교하면 예외적으로 낮다. 그래서 우리가 독특하다는 말이다.

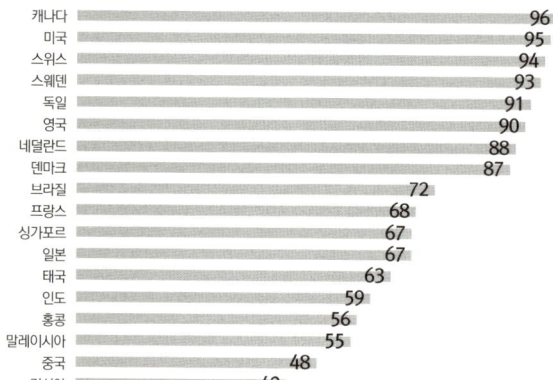

법정에서 진실을 증언할 사람들의 비율

캐나다	96
미국	95
스위스	94
스웨덴	93
독일	91
영국	90
네덜란드	88
덴마크	87
브라질	72
프랑스	68
싱가포르	67
일본	67
태국	63
인도	59
홍콩	56
말레이시아	55
중국	48
러시아	42
베네수엘라	34
한국	26

이 조사 결과가 마음에 들든 안 들든 확실한 건 '우리가 남이가?'라는 문화에 깊이 빠져 있다는 사실이다.

조선 시대의 사료를 보면 정3품 이상의 당상관이 되면 자신의 직계인 친척 8촌까지 생계를 책임지는 것이 인간 된 도리라는 이야기가 나온다. 당연히 자신이 가진 권력을 이용해서 덕을 베풀어야 한다는 말이다. 우리가 '사돈네 8촌'이라는 용어를 잘 쓰는데 그 용어는 먼 친척이라는 뜻도 있지만 거기까지 챙겨야 하는가라는 비아냥도 들어 있다.

그러고 보면 '우리가 남이 아니다.'는 문화는 긴 역사적인 배경을 가지고 있고 어제오늘 등장한 문제가 아니라서 쉽게 없어질 가치는 아닌 것 같다. 오랜 세월 농경생활을 하면서 특정지역을 거점으로 가까운 친족들이 집성촌을 이루어 살아가는 문화라면 이런 가치체계가 생겨날 수밖에 없다.

이런 폐쇄에 가까운 집단주의가 부정 비리나 끼리끼리 해먹기라는 폐단을 낳는다고 기겁하며 빨리 폐기해야 한다고 생각하는 사람이 대부분이다. 하지만 세상의 모든 현상에는 어두운 면과 밝은 면이 같이 있다. 이런 가치체계에도 긍정적인 측면이 없는 것은 아니다.

한국은 동태적 집단주의 사회다

지금은 우리 사회에도 서구에서 벤치마킹한 대기업조직이 일상화됐다. 하지만 기업 내의 조직문화는 과거 전통적 문화에서 완전히 벗어나지 못하고 있다. 사실 문화나 가치 같은 것은 한순간에 쉽게 바뀌지 않는다. 앞에서도 자본주의는 하나의 틀만 있는 게 아니라 다양한 변종이 가능하다는 이야기를 했다.

마찬가지로 기업의 운영방식도 지역마다 국가마다 다양한 변종이 가능하다. 어느 것이 옳고 어느 것이 틀린다는 획일적인 판단은 있을 수 없다. 그 상황에 얼마나 최적이냐가 문제일 뿐이다. 아주대학교의 조영호 교수가 분석한 결과를 바탕으로 보면 한국인은 극단적으로 집단주의적인 기업문화를 가지고 있다. 한국인은 원래 일본보다 훨씬 집단주의적이다. 그런데 한국인은 이 집단주의 성향마저 매우 독특하다. 별난 한국인의 성향이 어디 가겠는가.

일반적으로 개인주의적 문화를 가진 국가일수록 새로운 것에 도전하는 혁신 지향성이 강하고 집단주의적 문화를 가진 국가일수록 변화나 혁신보다는 안정을 지향하게 마련이다. 아무래도 집단주의적 가치를 가진 사람들은 주변 사람들과의 관계를 판단의 주요기준으로 삼고 내 행동이 남에게 미칠 수 있는 영향을 고려하기 때문에 급격한 변화를 쉽게 선택하기 어렵다.

그런데 이 범주에서 딱 벗어나는 이상한 국가가 하나 있으니 그게 바로 우리이다. 우리는 '우리가 남이가?'라는 말로 대표되는 강력한 집단주의적인 문화를 가지고 있으면서 동시에 잠시의 여유도 허용하지 않는 급진적인 혁신성을 보유하고 있다. 조영호 교수는 그런 한국인의 독특한 특성을 동태적 집단주의라고 정의했다.

다음의 표에서 보이듯이 한국의 기업문화에는 집단주의와 혁신 지향성이 공존한다. 인화와 조화를 중시하고 윗사람의 권위와 체면을 따지면서 지역, 학맥, 혈맥 등의 연고관계를 무시할 수 없다. 그리고 한 번 상사는 영원한 상사라는 믿음도 가지고 있고 '아무리 그래도 형님이 먼저'라는 연공서열 인사 관행도 아직 남아 있다. 우리는 세계적으로도 티가 날 정도로 집단주의적 성향을 보이고 있다.

	집합주의적 요소	동태적 요소
기본가치관	인화·조화 중시 집단이익·공동체 중시 권위에 입각한 질서 숭상	변화 혁신 중시 경쟁과 승리 강조 규모와 영역 확대 추구
행동규범	주변 의견 따름 연고관계를 중시/상하관계 중시 집단목표와 명분 중시	빨리빨리 조출만퇴 하라면 한다(무리한 행동) 개인·가정 희생(열중시)
관리 관행	연공적 인사관행 연고판매 관행/계열사간 표준화 판공비·업무추진비	실적 할당 관행 Me too 모방 관행 타인자본 중시 자금관리
상징 특성	가족주의적 언어(형~님) 집단 강조 의식	전투적인 용어(경쟁사 타도!) 영웅담, 초일류, 세계최고의 상징
	집단주의	혁신 지향

전 세계 어느 국가에서도 찾아볼 수 없는 관행인 '정기적으로 밑에 애들 불러서 저녁에 삼겹살에 소주라도 한잔하라고 책정해주는 부서 회식비'라는 것도 있다. 낮에는 사무실에서 과장님, 부장님이지만 저녁에 삼겹살에 소주가 한 잔 들어가면 즉시 '형님, 큰형님, 왕형님'으로 호칭이 바뀐다. 나는 여성인력들이 사회에 많이 나와줘야 우리가 생존할 수 있다고 믿는 사람이지만 이 대목에서 조직 내 여성인력들은 참 힘들겠다는 생각이 든다. 여성은 소주 한 잔 먹고 '오빠, 큰오빠, 왕오빠'라고 불러야 하나?

그러면서 동시에 변화와 혁신을 부르짖고 경쟁과 승리를 강조하며 매출액이나 시장점유율을 가지고 경쟁한다. 무엇이든 걸리면 빨리빨리 해치워야 하고 윗사람이 시키면 시키는 대로 깐다. 당연히 일을 위해서 가정과 개인을 희생한다. 이건 매우 동태적이며 혁신 지향적인 요소이다.

이 두 가지가 공존하는 기업문화는 전 세계적으로 희귀하다. 일본도 우리 못지않게 집단주의는 강하지만 섬나라라는 특성과 지진이나 태풍이 많은 특성 탓인지 극단적으로 안정 지향성이 강해서 혁신성은 상당히 떨어진다고 평가받는다.

그런 한국인의 특성이 세계에서 가장 빠른 인터넷 환경, 무엇이든 주문하면 신속 배달이 가능하고 가장 촘촘한 택배망, 멀쩡한 핸드폰도 새 제품이 나오면 갈아치우는 풍토를 만든 것이다.

한국인은 회사를
감정적 공동체로 받아들인다

바로 그런 점들이 한국인의 힘으로 작용해왔다. 조영호 교수가 이야기한 동태적인 집단주의란 것이 직장생활에서 어떻게 발현되는지 구체적으로 좀 알아보자. 모든 것의 출발점은 '감정적 공동체'이다. 한국인들은 자기 회사를 고용을 전제로 한 거래적 공동체가 아니라 감정적인 공동체로 생각한다. 감정적 공동체란 예를 들면 이런 것이다. 당신과 내가 같은 회사에 근무한다고 치자. 그래서 오늘 저녁에 회사 앞 삼겹살집에서 소주 '처음처럼'을 마시면서 사장을 씹는다.

세상에 직장 상사만큼 끝내주는 안주가 또 있을까? 그래서 입에 거품을 물고서 윗사람을 잘근잘근 씹고 있는데 옆자리에 웬 낯선 사람이 다른 회사 배지를 달고 앉아서 우리 회사 사장 흉을 보고 있다. 그 흉보는 소리를 듣는 순간 술자리의 분위기가 싸~해진다. 우리야 우리 사장을 씹어도 되지만 남들이 감히 우리 회사 사장을 씹으면 기분이 급속 냉각된다.

그런데 그 배지가 만약 경쟁사의 배지라면 술김에 한 판 벌어질 수도 있다. "너희가 우리 사장님에 대해 뭘 안다고 그런 헛소리를 하는 거야! 잘 알지도 못하면서……." 그런데 그들은 방금 자기들이 씹었던 내용과 똑같은 내용으로 씹었을 뿐이다.

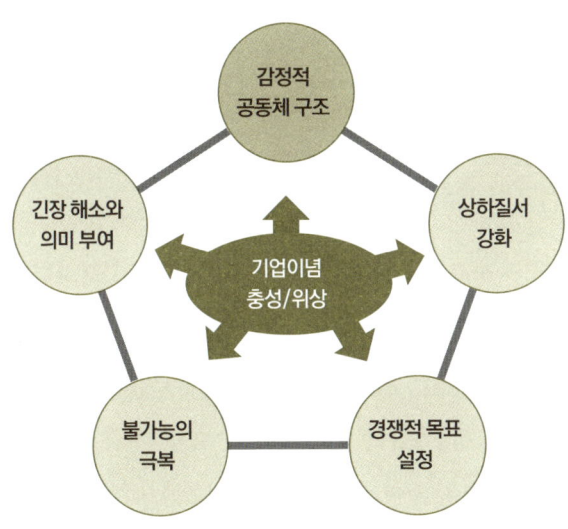

이게 바로 감정적 공동체의 특징이다. 비록 내가 노동을 제공하고 월급을 받는 고용계약을 했지만 회사와 내가 절대 남이 아니라는

말이다. 회사를 가족만큼 끈끈하게 묶인 운명공동체라고 느끼는 것이다.

이런 감정적 공동체의 출발은 상하질서 강화라는 단계에서 출발한다. 한국인들은 생래적으로 수평적인 관계에 익숙하지 못하다. 그 옛날 집성촌에서 살던 우리 선조의 환경에서 마을 내에 나와 동급인 존재는 어디서도 찾을 수 없다. 친구란 것이 없다. 모든 사람이 혈족이고 항렬과 나이에 따라 위아래로 나뉜다.

그 세계에서는 나와 수평적인 사람은 없다. 모두가 윗사람이 아니면 아랫사람이다. 그리고 그 세계는 결코 남이라고는 존재하지 않는다. 그런 환경에서 살던 기억이 깊이 각인돼서인지 한국인들은 어떻게 해서라도 위아래로 서열을 분명하게 해야 마음이 편해지고 심리적인 결속이 쉬워진다.

우리가 '남들이 나를 어떻게 봐주는가?'를 굉장히 중요하게 생각한다는 점은 앞에서 이미 이야기했다. 그래도 한국인들 자신의 사회적 위치를 함축적으로 표현해주는 명함 사랑은 좀 심하다. 한국인은 그 명함이 바로 자기의 서열상 위치를 말해준다고 생각한다. 내가 얼마나 크고 잘 나가는 조직에서 이 정도 수준의 등급을 가지고 있다. 그게 바로 나의 사회적 위치이다. 그래서 직급제도도 사회적으로 비교할 수 있도록 운영하고 있다.

물론 그것도 전부 우리의 역사적인 전통과도 관계가 있다. 조선시대에 관직의 숫자는 엄청나게 많았다. 그 많은 관직을 그냥 운영해도 아무 문제가 없는데 관직 모두에 대해서 상대적인 위치 확인을 쉽게 등급을 만들어두었다. 정1품, 정2품…….

지금도 마찬가지다. 공무원의 모든 직위는 1급부터 9급까지 등급으로 구분돼 있다. 그러니 내가 가지고 있는 직급과 같은 것이 사회적인 위치의 상징으로 차용될 수밖에 없지 않겠는가.

어떻게 보면 한국 직장인들에게는 명함은 무사의 칼과도 같은 것이다. 보통 처음 만나는 사람끼리는 당연히 명함을 교환한다. 그리고 그 명함의 교환은 무사가 칼을 빼서 진검승부를 하는 것과 같다. 그 과정에서 묘한 긴장이 생긴다. 두 사람의 위치가 위아래로 포지셔닝되는 순간이다. 나의 상대적 위치가 그 과정에서 결정되기 때문이다.

명함에 적혀 있는 직급에 목숨 거는 한국인의 별난 이야기를 하나 할까 한다. 지금은 롯데그룹 전체가 그레이드 체계로 바뀌었지만 한참 전에 롯데가 전통적인 부장, 과장이라는 호칭으로 직급제도를 운용하던 때의 이야기이다.

한 계열사가 직급 호칭을 좀 바꾸어야겠다는 요청을 해왔다. 내용인즉슨 '부장을 수석부장으로, 차장을 부장으로, 과장을 선임과장으로' 바꾸겠다는 것이다. 그렇게 호칭이 바뀐다고 월급을 더 지급한다는 것도 아니었다. 그냥 호칭만 그렇게 바꾸겠다는 요청이다. 나는 이해가 안 돼서 그것을 왜 하냐고 물었다. 당시에 그 회사 인사팀장을 하던 분의 답변이 그랬다.

호칭을 그렇게 바꾸면 영업활동과 대관업무에 상당히 유리한 측면이 있다는 것이다. 나는 속으로 직급의 이름을 바꾸어서 영업이 잘된다면 부장을 총리로, 차장을 장관으로, 과장을 차관으로 바꾸지 그러냐고 한 방 날리고 싶었지만 현장의 상황이 그렇다고 하니 그렇게 하라고 승인해준 적이 있다.

그런데 그날 저녁 난리가 났다. 그 계열사 사장님께서 간부들을 다 모아놓고 오늘부터 직급 호칭을 다 바꾼다고 선언한 것이다. 당연히 호칭이 바뀐다고 월급이 더 오르는 것도 아니었다. 그런데 그 계열사가 위치한 신사동 일대에서 아닌 밤중에 롯데인의 술판이 벌어진 것이다. 모두 근처 술집과 밥집에 모여서 기분 좋다고 한 잔씩이다.

술이 얼큰해져서 "수석부장 형님 축하합니다." "어! 김 부장도 축하해!" 뭘 축하하는 건지 모르겠지만, 하여튼 그날 신사동 일대의 술집 주인들은 횡재를 만났다. 명함에 쓰여 있는 호칭 하나 바뀐 덕분에 말이다. 남에게 보이는 것에 매달리는 한국인의 심리가 그런 것 같다.

어찌됐든 처음 만난 사람끼리 이뤄진 진검승부인 명함 전달식에서 명함을 교환했는데 두 사람이 갑과 을의 관계에 있는 회사의 소속이라면 게임이 이미 끝난 것이다. 직급이고 뭐고 없다. 갑이 우위에 선다. 갑과 을의 관계가 아니지만 한쪽은 매출 10조 원의 회사이고 한쪽은 매출 100억 원의 회사라면 이것 또한 게임이 끝난 것이다.

그런데 두 회사의 매출이 비슷한 규모이고 직접적인 거래관계도 없다. 그러면 위아래의 결정은 직급으로 가는 수밖에 없다. 물론 대놓고 위아래라고 하지 않지만 직급이 높은 쪽이 일단 심리적인 우위에 선다. 그런데 직급까지 같다. 그러면? 친구처럼 관계를 형성하면 좋겠지만 한국인의 본성상 그게 쉽지 않다. 우위를 결정하기 위한 탐색전에 들어간다.

누구는 주위의 관계 속에서 위아래의 서열을 분명하게 해두는 것이 수컷의 본성이라고 하는데 맞는 말이다. 동물의 세계에서도 힘을 바탕으로 위아래의 서열을 분명하게 하려는 경향이 있는 건 맞다. 하지만 한국인은 그게 유독 강하다는 말이다. 대부분 최초의 탐색은 이렇게 시작된다.

"죄송한데 학교는 어디를?"

초면에 학교가 왜 궁금할까? 먼저 행여라도 같은 학교를 나왔으면 학연으로 엮어서 관계 강화를 해보려는 심리가 잠재돼 있다. 당연히 사투리가 익숙하면 "고향이 어디신지?"에서 시작한다. 그런데 그 뒤에 한국인에게만 존재하는 숨겨진 이면이 하나 있다. 위아래 분명히 하기라는 잠재된 본능이다.

사실 초면에 대놓고 나이를 물어볼 수야 없으니 그렇게 접근하는 것이다. 출신학교를 이야기하면 "아! 제가 아는 동기 아무개가 그 학교 출신인데 혹시 몇 학번이신지……"로 연결된다. 그런데 확인 결과 학번이 같다. 그러면 이제 친구 하면 될 텐데 의지의 한국인은 그것조차 용서가 안 된다.

"그러면 고등학교는 어디를?"

이 질문은 상대가 혹시 재수했는지를 확인하려는 작업이다. 그렇게 해서 초면에 묻기 어려운 나이 파악까지 진도가 나간다. 그래서 결국 나이까지 같다는 사실이 확인됐다. 그러면 이제 친구 하면 될 텐데 역시 의지의 한국인은 그게 용서가 잘 안 된다. 친구 비슷하게 지낸다 해도 심리적 우위를 분명하게 해두어야 마음이 편하다. 그래서 진짜 진검승부에 들어간다. 근처의 술집에서 '처음처럼'을 깐다. 그리고 거기서 먼저 고꾸라지지 않는 쪽에서 심리적 우위를 점하게 되는 것이다. 위대한 수컷의 본능에 한국인의 고유한 관계 본성이 엮인 것이다.

그렇게 위아래를 분명하게 하고 난 다음에는 심리적 계약단계로 들어간다. "형이 너를 끝까지 챙겨줄게. 우리가 남이 아니잖아. 우리는 오래가야 해! 대신 동생은 나한테 한없는 존경과 충성을 다해야 한다……." 뭐 이런 유의 심리적 계약이다. 그러고 나면 마음이 아주 편안해진다. 마치 아늑하고 조용하지만 마을 전체가 피로 맺어진 옛날 집성촌의 분위기로 돌아가는 것이다. 이제는 외부의 '그놈들'의 횡포에 집단으로 대응할 수 있다는 편안함이 생기는 것이다. 그렇게 처음 만난 사람과도 집성촌 시절과 같은 유사 혈족관계를 만들어 '우리'의 편안함을 지향하는 것이 한국인이다.

처음으로 만난 사람들끼리 상하관계가 확립되면 바로 경쟁적인 목표설정 단계로 들어간다. 남들이 보면 한 마디로 턱도 없는 목표를 세우는 것이다. 그러고는 죽기 살기로 매달려서 어이없이 그 목표를 성취한다. 자기들이 봐도 놀랍다. 원래 한국인들에게는 '세상에 안 되는 것이 없다.'는 근성이 강하다. 목표를 세우고 나면 포기를 모르는 게 본성이다. 목표를 달성하고 나서는 그 과정에서 발생했던 온갖 어려움을 극복하면서 생긴 긴장감을 없애고 자신들의 성취에 대한 나름의 의미를 부여한다. 긴장을 없애는 방법? 한국인만의 죽여주는 방법이 있다. 그게 뭘까?

여러분과 내가 오늘 처음 만난 사이라고 치자. 그런데 내일 아침까지 우리의 관계를 끊을래야 끊을 수 없는 관계로 만드는 방법이 뭐가 있을까? 보통 이 질문에 '소주 한잔하면 됩니다.'라고 하는데 여러분은 어떤가? 그거 가지고 되겠나? 절대 안 된다. 그것 가지고는 많이 부족하다.

비법은 '남들이 알면 안 되는 우리만의 비밀을 만드는 것'이다. 어떻게? 대한민국은 그런 부분에 대한 사회적 인프라가 엄청나게 잘돼 있다. 거리에 널린 게 단란주점이고 노래방 아닌가?

일단 '꽐라'가 될 정도로 술을 퍼마시고 횡설수설하면서 정상적인 인간이 해서는 안 될 일들을 한다. 목에 매라는 용도로 만들어진 넥타이를 머리에 묶고 소파 위에 올라서 벽 타기 춤을 추고 술과 안주를 놓는 용도인 테이블에까지 올라가서 광란의 밤을 보낸다. 마치 누가 더 심하게 망가지는가에 대한 경쟁과도 같다. 이런 걸 남이 보면 어떨까?

그래도 명색이 대기업 임원인 나와 당신이 그렇게 광란의 밤을 지새운 것을 어떤 녀석이 녹화라도 해서 유튜브에 올리면 어찌되겠는가? 완전 쪽 다 팔리고 결국 패가망신하는 것이다. 고개 못 들고 다닌다. 그게 바로 남들이 알면 안 되는 우리만의 비밀인 셈이다. 그리고 남들이 알면 안 되는 그 비밀을 공유하는 두 사람의 관계는 정말로 공고해진다. 동시에 이 방법이 긴장을 없애고 의미를 부여하는 방법이기도 하다. 그리고 조직에서는 그렇게 하라고 비용까지 대준다. 그러고 보면 우리는 참 이상한 종족이다.

그 난리를 치고 나면 형과 동생은 진짜 감정적 공동체로 엮이는 것이다. 그들은 이제 남이 아니라 '우리'인 것이다. 한국인들이 '우리'라는 단어를 얼마나 좋아하는지를 여러분도 잘 알 것이다. 심지어 마누라도 '우리 마누라'라고 부른다. 그런데 그 '우리'에는 나 말고 누가 또 포함되나? '우리 마누라'라면 누가 나와 같이 마누라를 공유하는 의미인데 생각해보면 섬짓한 단어다. 하지만 나 자신도 무심결에 우리 마누라라고 부른다. 그렇게 '우리'라는 관계로 서로를 엮고 형과 동생이 되며 비밀을 공유하는 감정적 공동체 관점과 상하 질서를 강화한다.

"거 봐라. 너하고 나하고 힘을 합치니까 안 되는 일이 없잖아. 우리는 찰떡궁합이야. 그러니까 너는 형한테 더 충성해라. 나는 너를 끝까지 챙겨줄게."

그러고는 또다시 턱도 없는 엄청난 목표를 수립하고 다시 어이 없이도 그 목표를 달성한다. 또다시 넥타이를 머리에 묶고 또 한 번의 광란의 밤을 보낸다. 그리고 감정적 공동체의 깊이는 더 깊어지고 다시 한번 상하관계는 공고해지고 다시 턱도 없는 목표로 이어진다. 그래서 회사에서 소주 한잔 먹으면 과장님이 형님으로 부장님이 큰형님으로 바뀌는 문화가 생겨난 것이다. 세계에서 유일하게 부서원들하고 '처음처럼'에 삼겹살을 먹으라고 비용을 책정해주는 이유가 이제 이해되는가? 그렇게 상하관계를 혈연관계에 가깝도록 돈독하게 만들고 턱도 없는 성과를 내주기를 회사가 기대하는 것이다. 조직에서 회식비는 일종의 강력한 접착제인 셈이다.

서구적인 가치관의 영향을 많이 받은 젊은 친구들은 이런 걸 딱 싫어하지만 많은 조직에서는 지금까지는 그래 왔다. 이런 게 다른 나라에서는 찾아볼 수 없는 한국인들만의 조직문화 특성이다. 좀 유치한가? 그러나 회사를 거래적 공동체가 아닌 감정적인 공동체로 받아들이는 그 힘이 한국 대기업의 위대한 성공을 만들어온 것이다. 한국의 직장인들에게 회사의 오너는 그냥 계약관계에 있는 고용주가 아니다. 직원들의 아버지다. 그리고 오너의 입장에서는 휘하의 모든 직원은 가족이다.

내가 근무하는 롯데도 그렇다. 롯데는 사람들을 함부로 내치지 않는 문화를 가지고 있다는 건 많은 사람이 다 알고 있다. 사실 롯데는 좀 그렇다. 그 배경에는 창업주인 신격호 회장의 '울타리론'이라는 오래된 인사 철학이 있다. 신격호 회장은 일본에서 사업을 시작한 창업 초창기부터 그런 신념이 있었다.

"롯데라는 울타리에 들어온 후에 롯데가 싫어서 떠나는 건 어쩔 수 없지만 내가 등 떠밀어서 울타리 밖으로 내보내는 건 정말 하고 싶지 않다."

그런데 이런 생각은 한국의 오너가 공통으로 가지고 있는 것 아닌가? 롯데가 신념의 강도가 좀 심할 뿐이다.

그러면 직원들은 어떤가? 직원들도 회사를 감정적 공동체 또는 가족, 원천적으로는 조선 시대의 집성촌의 개념으로 생각한다. 조직 구성원들의 회사에 대한 사랑도 다소 맹목적이다. 직원은 물론이고 그 가족들까지도 경쟁사의 제품을 절대 안 쓴다. 아이폰을 쓰는 삼성맨? 대우차를 타는 현대맨? 생각할 수 없는 일이다. 내가 직접 소속된 계열사가 아니라고 해도 반드시 그 그룹의 계열회사가 생산하는 제품을 쓰는 것이 한국의 직장인으로서는 가장 기본적인 예의이다.

나만 해도 그렇다. 롯데백화점, 롯데마트, 세븐일레븐, 롯데시네마, 롯데과자와 롯데음료수, 롯데호텔, 롯데JTB를 이용하고 반드시 롯데카드로 결제한다. 내 행동반경이 정말 뻔하지 않은가? 개인적인 취향? 그런 거 없다. 그게 직장에 소속된 사람으로서 기본적으로 지켜야 할 예의이다. 그리고 그 배경에 회사를 감정적 공동체로 생각하는 우리의 특성이 숨어 있는 것이다.

조직 구성원들이 회사를 감정적 공동체로 생각하면서 일을 하는데 성과가 안 날 수가 없다. 그리고 그 힘이 우리를 세계 최빈국에서 선진국의 반열로 끌어왔다. 그런데 이런 기업문화의 전통이 흐르는데 어떤 직원이 자기 회사에 대한 사랑이나 애정이 없는 것처럼 보이는 행동을 하면 천하에 다시 없는 '역적'이 된다. 그리고 회사 인사부서에서는 그런 친구를 너무나도 쉽게 찾아낸다. 그런 행동을 자주 할 때 그 친구의 미래를 회사 내에서 찾기 어렵다.

우리는 가족인데 경쟁자가 생산하는 제품을 팔아주려고 내가 준 월급을 쓴다고? 그런 행동은 경쟁자에게 힘을 실어줘서 우리의 목을 치려는 행동으로밖에 안 보인다. 한국기업의 가치에서는 그건 정말 용서가 안 되는 만행이다.

여러분은 어떤가? 여러분이 다니는 회사를 정말 사랑하는가? 애정을 가지고 있는가? 여러분이 소속된 그룹이나 회사에서 생산된 제품만을 쓰는가? 남들이 보든 안 보든 그건 한국에 있는 기업에 다니는 이상 기본적으로 지켜야 할 예의이다. 그런데 지금 당신이 소속된 감정적 공동체가 진짜 마음에 안 들고 지금 소속된 회사가 만드는 제품까지도 꼴도 보기 싫으면 몇 가지 방법이 있다.

첫 번째 방법은 회사를 바꾸는 것이다. 마음에 드는 회사로 빨리 옮겨라. 인생이란 게 정말 짧은 것인데 그렇게 미운 회사에서 지겨운 밥벌이로 시간을 허비하기는 너무 아깝다.

옮기고 싶지만 능력이 안 되는가? 그러면 마음을 바꾸어라. 회사를 보는 내 생각을 바꾸라는 것이다. 사랑하려고 애를 쓰라는 말이다. 다른 곳으로 옮길 능력도 안 되는 당신을 품어주고 월급을 주는 회사가 얼마나 감사한가! 밖에는 당신의 회사에 들어오고 싶어서 안달 나는 젊은 친구들이 줄을 서 있다. 당연히 당신보다 스펙은 훨씬 좋다. 다른 곳에 팔려갈 수 있는 능력도 없는 당신을 품어주는 고용주의 인내에 감사하라. 그리고 불평하는 그 입 꾹 다물고 최대한 빨리 밥값을 할 수 있도록 노력하는 쪽을 택해라.

세상의 모든 부인이 김태희 같은 미모를 가질 수는 없다. 보통 사람이라면 이왕이면 부인이 김태희처럼 예쁘기를 바라겠지만 세상이 그럴 수야 없지 않은가? 그렇다고 해서 모든 사람이 부인을 사랑하지 않는 것은 아니지 않은가? 마찬가지다. 김태희급이 아니라고 해서 부인이 사랑스럽지 않으니까 사랑스러운 여자를 만날 때까지 계속 부인을 바꾼다? 그러는 사람은 죽을 때까지 사랑하는 여인을 만날 수 없다. 그리고 그런 사람을 어떤 여자가 선택하겠는가?

능력이 되고 더 좋은 조건이 있다면 이직도 생각해보라. 하지만 메뚜기는 되지 마라. 인사를 오래 해온 입장에서 한마디 하자면 10년 직장경력인데 이력서에 3개 이상의 회사가 적혀 있다면 당신의 사회적 가치는 이미 없는 걸로 봐야 한다. 그런 친구는 전문성이 있다고 판단해서 뽑으려고 해도 자꾸만 마음이 흔들리는 것이 인사담당자다. 가능하면 한 회사에서 5년 이상은 근무해라. 이력서에 여러 회사가 적혀 있다는 것이 여러 군데서 좋은 조건으로 스카우트됐다는 훈장으로 생각되는가? 절대 아니다. 그런 사람에게는 큰일을 믿고 맡길 수 없다는 것이 세상의 모든 CEO의 공통된 생각일 거다.

회사도 마찬가지이다. 완전히 마음에 드는 회사란 것은 세상에 존재하지 않는다. 회사를 바꾸려 하지 말고 당신의 생각을 바꾸어라. 생각을 바꾸면 세상이 바뀐다. 나는 오랫동안 임원인사를 하면서 1,000명이 넘는 임원들을 보았지만 아직 자기 회사에 대한 무한한 애정이 없고 자기 회사나 계열사의 제품만을 선택해서 애용하지 않는 임원을 본 적이 없다.

직장인의 영원한 로망인 임원이 되고 싶은가? 그렇다면 당신의 회사를 사랑하는 것부터 시작하라. 그게 첫 번째 걸음이다. 내가 이 글을 쓰면서 영화관이라고 하면 될 걸 '롯데시네마'로 표현하고 소주라고 하면 될 것 '처음처럼'이라고 하고 커피라고 하면 될 걸 '엔

제리너스나 칸타타'라고 고유명사를 사용하는 것을 보면서 눈살을 찌푸린 분도 있을 것이다. 그러나 그게 내가 롯데에 몸을 담고 있는 이상 해야 할 기본적인 예의이다.

　살펴보시라. 당신의 손을. 혹시 거기에 경쟁회사의 제품이 들려 있는 건 아닌지. 그리고 여러분에게 주는 또 하나의 팁, 가능하면 부서 회식 빠지지 마라. 그건 한국인에게는 조상을 모시는 제사처럼 조직생활에서는 매우 중요한 행사이다. 술을 못 마신다고? 한국 직장인들의 회식은 롯데 주류라는 회사의 매출을 올려주기 위해 존재하는 것이 아니다.

　그 분위기와 과정을 통해서 더 끈끈하게 접착하고 너와 내가 남이 아니라는 것을 재확인하려는 과정이다. 그런데 참석하지 않으면 '나는 너와 남이다.'라는 메시지로 판단될 수 있다고 생각하라. 술을 못 마시는가? 그럼 칠성 사이다를 주문하라. 그리고 소주잔에 그걸 채워 마셔라. 그렇게라도 꼭 참석해라. 한두 번만 잘 넘기면 그다음 회식 때는 팀장이 알아서 '처음처럼'과 '칠성사이다'를 동시에 주문할 것이다.

일하며 살며 사랑하며……

여러분은 행복한가? 여러분은 '나는 왜 행복하지 못하지?'라는 생각에 빠져본 적이 있는가? 그런 당신에게 분명하게 해줄 이야기가 있다. 먼저 질문부터 하나 하겠다. "당신은 왜 인생이 행복해야 한다고 생각하는가?" 정말 분명한 사실은 인생의 디폴트 값이 행복한 상태가 아니라는 것이다. 인생의 디폴트 값은 행복하지도 불행하지도 않은 바로 '그 중립의 상태'이다.

심지어 부처님 같으신 분은 인생 자체가 몽땅 '고통'이라고까지 말씀하셨다. 그분의 논리에 따르면 인생의 디폴트 값이 내가 말하는 중립 상태에도 도달하지 못한다는 말씀이다. 기독교도 마찬가지이다. 「창세기」를 보면 하나님께 죄를 짓고 에덴에서 쫓겨난 아담과 하와는 이마에 땀을 흘리며 땅을 일구어야 먹고 살 수 있고 죽음 같은 고통을 겪어야 출산을 할 수 있는 형벌을 받았다. 『성경』에서 제시하는 인생의 디폴트 값도 고통 그 자체이다. 그런데 왜 여러분은 인생이 행복해야 한다고 생각하는가? 도대체 누가 인생이 반드시 행복해야 한다는 황당한 원칙을 결정했는가?

그래도 인생이란 것이 행복해야 한다고 굳게 믿으신다면 그 행복한 인생이라는 어떤 상태를 말하는 것인지를 정확히 나에게 설명해 줄 수는 있는가?

지금까지 만나본 사람들은 대부분 행복해지고 싶다는 욕구는 강하게 가지고 있지만 그 누구도 행복이 어떤 상태를 말하는 것인지 정확히 설명하지 못했다. 이것은 어디로 가야 되는지도 모르면서 무조건 가야 한다는 강박을 가진 사람과 같다. 한 마디로 이해가 안 되는 행동이다.

보통 사람들이 말하는 행복의 기준은 무엇인가? 돈이 많은 것? 세상의 모든 돈을 내 것으로 만들지 않으면 충족되지 않는다. 남에게 인정받는 것? 내가 지구를 정복하고 완전한 일인자가 되지 않으면 충족되지 않는다.

영원히 늙지도 않고 세상에서 가장 아름다운 여인과 결혼하는 것? 그러나 세상에는 더 예쁜 여자가 늘 있고 어린아이가 소녀로 성장하면서 더 예쁜 여자가 계속 등장하고 있다. 더구나 미인도 보면 볼수록 싫증이 나게 돼 있다. 그 외에도 다른 기준이 많을 것이다. 그런데 그 모든 기준은 내가 그렇게 됐으면 좋겠다는 것뿐이다.

단언하건대 인생은 행복해지기 위해서 생겨난 것은 아니다. 그리고 인생이 반드시 행복해야 하는 것도 아니다. 아무도 그렇게 운명

짓지 않았다. 그러니 일상을 행복하게 느끼지 못하는 것을 불평하지 마라. 행복이라는 느낌은 인생이 존재하는 목적이 아니라 부산물이다. 자신이 해야 할 일을 열심히 하다 보면 생겨나는 감정이 바로 행복감이다.

여러분은 제발 행복해지기 위해 인생을 살지 마라. 그 행복이라는 것은 결코 달성할 수 없는 북극성과 같은 것이다. 아무리 노력해도 그곳에 다가갈 수도 없고 지향하면 할수록 더 목 마를 수밖에 없다. 그래서 나는 인생의 목표를 행복에 두고 올인하는 것이 사람을 더 큰 결핍감에 빠뜨리고 고통스럽게 만든다고 생각한다. 인생은 행복하도록 프로그래밍된 것이 결코 아니다. 그러니 나는 왜 행복하지 못한가라는 생각에 절대 빠져들지 마라.

그 옛날 옛적, 어느 날엔가 매일같이 타고 출근하던 지하철에서 갑자기 그런 생각이 들었다. '이거 돌아가는 꼬락서니를 보니까 내 인생 인사로 쫑 치겠다'는 느낌이 들었다. 만약에 그렇다면, 이왕 내 인생의 전부가 될 거라면, 그리고 평생 해야 할 일이라면 '제대로 한 번 해보자'는 생각이 들었다. 윗사람에게 간곡하게 부탁해서 허락을 받고 모교로 돌아가서 대학원에 등록했다. 그야말로 주경야독이 따로 없었다. 잠을 줄여가며 내 일을 잘하는 방법에 대해서 학습하고 고민했다.

셀 수도 없이 코피가 나고 가끔은 '내가 왜 이 미친 짓을 하고 사나?' 하는 생각도 들었다. 그런 생고생 끝에 석사 학위를 받았다. 하필이면 졸업하는 날이 한여름이었다. 그리고 또 하필이면 소나기가 쏟아지는 날이었다. 그토록 부러워하던 석사모를 쓰고 대학원 현관 건물에서 하염없이 쏟아지는 빗방울을 보고 있는데 누군가가 나에게 물었다.

"그렇게 생고생을 하면서 2년 반을 공부했는데 무엇을 배웠다고 생각해요?"

한참을 생각했다. 내가 생고생을 한 것은 분명히 맞는데 그 과정에서 무엇을 배웠나……. 고심 끝에 내놓은 내 대답은 그거였다. "내가 지금까지 쥐뿔도 모르면서 인사를 해왔다는 사실을 배웠습니다."

모른다는 것을 아는 게 지식의 출발이라는 공자님의 말씀은 익히 들었지만 석사과정을 하면서 느낀 것이 바로 그거였다. 모른다는 사실을 알고 난 다음부터 내 학습의 자세는 확실히 달라졌다.

그리고 다시 박사과정에 들어갔다. 이건 더 힘들었다. 직급과 직책이 더 높아져 책임은 더 막중했고 공부할 거리는 더 많이 늘었다. 늘 이런 선택을 한 내가 미쳤다는 생각만 들었다. 그렇게 오랜 세월이 지나고 내 머리에 박사 학위 모자가 올라갔다.

하필이면 또 여름이었다. 다행히 장마철이 아니어서 비는 안 왔다. 하지만 8월 염천에 넥타이를 매고 엄청나게 무거운 박사 학위복을 입고 학위 모자까지 쓴 나는 소나기 같은 땀방울을 쏟아내고 있었다. 사우나도 이런 사우나가 없었다. 다시는 안 하고 싶은 경험이었다. 그렇게 내 몸 전체에서 소나기를 내뿜고 있는데 그 누군가가 또 물었다.

"진짜 엄청나게 고생하셨는데 박사 학위를 하면서 무엇을 배웠다고 생각해요?"

이번에는 한 방에 대답이 나왔다. 석사 졸업 때 그 당연한 질문에 대답을 한 방에 못했기 때문에 이번에는 학위과정을 하는 내내 그 질문을 자신에게 던져왔다. 내 대답은 이거였다.

"내가 모른다는 사실을 다시 한번 확인했고 이번에는 어떻게 공부를 하면 무지에서 벗어날 수 있겠다는 방향성은 알게 됐습니다."

공부라는 것은 그런 것 같다. 내가 모른다는 사실을 더 확실하게 하는 과정, 공자님 말씀대로 무엇을 아는지, 그리고 무엇을 모르는지를 확실하게 하는 과정인 것 같다. 내가 개인적인 이야기를 하면서 여러분에게 드리고 싶은 말씀은 이거다.

"당연히 나도 그렇지만 여러분도 정말 모른다는 것이다. 더구나 여러분이 모르는 수준이 어떠한지는 아는가? 자신이 모른다는 사실조차 모르는 수준이다. 더구나 어떻게 공부를 해야 하는지는 더 모른다."

그러니 하루하루 정진하라는 것이다. 인생은 하루씩 좋아지는 것이지 한 방의 행운으로 좌우되는 것이 아니라는 이야기다. 무릇 삶이란 죽음을 기반으로 사는 것이다. 살아 있는 존재가 하루를 더 살기 위해서 '살아 있는 것'들을 추수하거나 도축해 먹어야 한다. 그게 삶인 것 같다. 그래서 삶이 더 엄숙하고 아름다운 것 같다. 남의 죽음을 기반으로 내 삶을 사는 것이다.

오늘 아침 밥상에 올라온 갈치 한 토막과 밥그릇에 소복하게 담긴 쌀을 보면서 그런 생각을 했다. 오늘 나의 하루를 위해서 희생한 너희에게 미안한 '하루'가 되지 않겠다. 바쁜 출근시간에 맞추어 총총걸음으로 지하철역으로 향하고 만원 지하철에 시달리면서 그 생각들은 조금씩 희석되고 또 하루의 복닥거리는 일상으로 들어선다. 그러나 그 일상이 우리 모두의 더 나은 하루를 위해 소중하게 쓰인다는 것에 오늘도 감사한다.

이 책의 종이를 만들기 위해서 죽어야 했던 그 나무들에 미안해하고 싶지 않았다. 이 책이 과연 그러했는지 모르겠다. 내가 아직은 덜 살고 덜 느끼고 덜 깨져서 다듬어지지 않은 날카로운 표면이 많았을 거라 생각한다. 더 많은 것을 숙고하고 고민하고 확신이 서야 글로 내는 것이 맞다는 생각을 한 적도 있었다.

학교를 졸업하고 한참 후에 내 인생의 가장 큰 스승 중 한 분이신 김충렬 교수를 시청역 앞에서 우연히 만나뵌 적이 있다. 이미 은퇴하고 고향인 강원도 문막에서 여유로운 노년을 보내고 계셨다. 편안해 보였다. 반가운 마음에 크게 인사를 드리고 늘 시건방지고 자기 멋대로인 내 성격을 못 이기고 한 말씀을 올렸다.

"선생님! 이제 책을 좀 쓰시지요. 평생을 쌓아놓은 그 머릿속의 빛나는 지식을 그냥 가지고 가실 겁니까? 선생님 같은 석학이 세상에 맨날 나오는 것도 아니고 그 지식이 혼자만의 노력으로 완성되는 것도 아니잖습니까. 몽매한 후학들을 그냥 이대로 두실 겁니까?"

젊은 시절에는 독재와 불의에 목숨을 걸고 항거하시는 추상 같은 선비의 노여움을 가슴 가득 품고 계셨지만, 노년에는 온화하게 바뀌셔서 마음이 태평양 같으셨던 교수님은 특유의 미소만 보이셨다.

그리고 그대로 우리를 떠나셨다. 그 명민한 머릿속에 든 빛나는 지식을 그대로 가지시고…… 동양학 최고의 대가이신 방똥메이 교수의 수제자이시며 김용옥 교수와 같은 걸출한 인물의 스승이기도 한 그분께서 한 권의 책도 더 남기지 않으시고 가셨다. 시간이 많이 흘러 그분을 다시 만나 뵙게 되면 나는 내 성질을 못 이기고 분명히 한 번 더 대들 것이다.

"내가 저번에 책을 쓰시라고 했지요? 왜 말 안 듣고 그냥 가신 겁니까!"

나는 그 스승을 추모하며 굳게 결심했다. 내 생각이 완전히 정리되고 확실하다는 신념이 생겼을 때 글을 남기려고 생각하면 죽을 때까지 한 권도 남길 수 없다. 그리고 나중에 김충렬 선생님을 뵈었을 때 큰 소리 한 번 제대로 치려면 내가 뭔가를 남겨놓고 나서 대들어야 하는 것 아니겠는가.

어설프지만 어느 정도 준비가 되면 남기고 그리고 그 글로 인해 크게 혼나고. 또 한 번 도전하고 다시 혼나고 그런 과정에서 그토록 바라는 아름다움에 더 가까워지는 것! 그것이 사람이 사는 모습이 아니겠는가.

다산 정약용 선생님께서 "군자가 책을 써서 전하는 것은 단 한 사람이라도 그를 알아주는 사람을 구하기 위해서이다."라고 말씀하셨다. 나도 그런 심정으로 세상에 단 한 사람이라도 나를 알아주는 사람이 있기를 바라는 마음에서 도전했다. 조선 시대 최고의 천재 중 한 분이신 다산께서도 그 한 사람을 구하기 위해서 18년의 유배기간 동안 무려 500권의 책을 쓰셨다. 1년에 무려 28권이다. 내가 책을 써보니 다산 선생님에 대한 존경심이 백배는 더 커졌다는 것을 느꼈고 그분과 나의 거리가 백배는 더 멀어진 것 같다.

이 책을 끝까지 읽어준 여러분께 깊이 감사드립니다.

참고문헌

* 이 책은 아래의 분들에게 지적인 영감을 얻었습니다.

구본형, 나는 이렇게 될 것이다, 김영사, 2013

김남인, 태도의 차이, 어크로스, 2013

다이애나 홍, 세종처럼 읽고 다산처럼 써라, 유아이북스, 2013

데이비드 크리스천 · 밥 베인, 조지형 옮김, 빅 히스토리, 해나무, 2013

박태현, 앞으로 뭐 하고 살지?, 중앙북스, 2013

박형준, 재벌, 한국을 지배하는 초국적 자본, 책세상, 2013

송인혁, 창조력 주식회사, 아이앤유, 2013

스티븐 호킹, 전대호 옮김, 나, 스티븐 호킹의 역사, 까치, 2013

신광철, 극단의 한국인, 극단의 창조성, 쌤앤파커스, 2013

유필화, 독일군은 졌지만 지휘 스타일은 살아남았다, 조선일보, 2013년 11월 4일자 B10면

유필화 · 헤르만 지몬, 아니다, 성장은 가능하다, 흐름출판, 2013

이민화, 창조경제, 북콘서트, 2013

EBS자본주의 제작팀, 자본주의, 가나출판사, 2013

이승욱, 포기하는 용기, 쌤앤파커스, 2013

정구현, 우리는 어디로 가고 있는가, 청림출판, 2013

조영호, 청개구리 기업문화, 크리에티즌, 2001

어떻게 일하며 성장할 것인가
— 직장인이 던져야 할 11가지 질문

초판 1쇄 발행 2014년 1월 10일
초판 23쇄 발행 2019년 12월 19일

지은이 전영민
펴낸이 안현주

경영총괄 장치혁 **마케팅** 안현영
편집 김춘길 **디자인** 표지 정태성 본문 노승우

펴낸곳 클라우드나인   **출판등록** 2013년 12월 12일(제2013-101호)
주소 우) 04055 서울시 마포구 홍익로 10(서교동 486) 101-1608
전화 02-332-8939   **팩스** 02-6008-8938
이메일 c9book@naver.com

값 15,000원
ISBN 979-11-951801-3-4 03320

* 잘못 만들어진 책은 구입하신 곳에서 교환해드립니다.
* 이 책의 전부 또는 일부 내용을 재사용하려면 사전에 저작권자와 클라우드나인의 동의를 받아야 합니다.
* 클라우드나인에서는 독자여러분의 원고를 기다리고 있습니다.
  출간을 원하는 분은 원고를 bookmuseum@naver.com으로 보내주세요.
* 클라우드나인은 구름 중 가장 높은 구름인 9번 구름을 뜻합니다. 새들이 깃털로 하늘을 나는 것처럼 인간은 깃펜으로 쓴 글자에 의해 천상에 오를 것입니다.